Wolf Jordan

Aus Eifersucht kann Liebe werden

W0046288

HERDER spektrum

Band 4776

Das Buch

Am Anfang stand die Leidenschaft, das ungetrübte, sichere Glück. Plötzlich bekommt die Sicherheit Risse: Eifersucht. Ob laute Explosionen oder heimliche Verzweiflung und zwanghafte Überwachung eine solche Beziehung jetzt belasten – der Vorwurf: „Du bist ja krankhaft eifersüchtig!", hilft nicht weiter. Warum wird jemand eifersüchtig? Und wie kann Befreiung gelingen? Der erfahrene Therapeut Wolf Jordan, der sich mit diesem Thema seit Jahrzehnten in seiner Praxis erfolgreich auseinandersetzt, zeigt, wie es dazu kommt und wie der bedenkliche Kreislauf zu durchbrechen ist, wenn krankhafte und krankmachende Verhaltensweisen sich einzuschleifen drohen. Leserinnen und Leser lernen, eifersüchtige Impulse aus ihrer positiven Dynamik heraus zu verstehen und damit eine gute Voraussetzung für die Erneuerung der Beziehung zu schaffen: Aus Eifersucht kann Liebe werden.

Der Autor

Wolf Jordan, Diplompsychologe, geboren 1950, lebt und arbeitet in Aachen als Psychotherapeut in eigener Praxis sowie als Supervisor und Leiter von Weiterbildungsgruppen. Er ist klinisches Mitglied der Deutschen Gesellschaft für Transaktionsanalyse (DGTA).

Wolf Jordan

Aus Eifersucht
kann Liebe werden

Wie Partner zu neuem Vertrauen finden

Vorwort von Hans Jellouschek

Herder

Freiburg · Basel · Wien

Gedruckt auf umweltfreundlichem,
chlorfrei gebleichtem Papier

2. Auflage

Taschenbuchausgabe von „Die Eifersuchtsfalle", Freiburg 1996
Alle Rechte vorbehalten – Printed in Germany
© Verlag Herder Freiburg im Breisgau 2000
Herstellung: fgb · freiburger graphische betriebe 2001
Umschlaggestaltung und Konzeption:
R·M·E, München / Roland Eschlbeck, Liana Tuchel
Umschlagmotiv: © Bavaria Bildagentur
ISBN 3-451-04776-4

Inhalt

Vorwort

Liebe und Eifersucht – die beiden gehören nahe zusammen, und sind doch die größten Feinde. Ich erinnere mich an ein Paar, das vor vielen Jahren bei mir in Therapie war. Der Mann war so eifersüchtig, daß die wirklich aufrichtige Liebe der Frau daran zerbrach. Sie fühlte sich nur noch verdächtigt und von seinem Mißtrauen verfolgt. Andererseits: was würden Sie sagen, wenn Ihr Partner einen Seitensprung von Ihnen nüchtern-sachlich abtun oder gar wohlwollend kommentieren würde? Da könnte doch in Ihrer Beziehung auch etwas nicht ganz stimmen! Eifersucht gehört, so scheint es, doch zur Liebe! Aber wie und wie nicht? Wenn Sie diese Frage interessiert, wenn sie Sie betrifft, dann haben Sie das richtige Buch in der Hand! Wolf Jordans Ausführungen schaffen hier wohltuende Klarheit. In sorgfältigen Analysen macht er Ursprung und Ausdrucksformen der Eifersucht deutlich, zeigt, wo sie ein ganz natürliches Gefühl ist und wo sie krankhaft wird.

Die Analysen schaffen viele Aha-Erlebnisse, weil man sich selber Seite um Seite besser zu verstehen beginnt. Mit viel Menschenkenntnis werden da sowohl die Mechanismen des „Beziehungsspiels" zwischen Frau und Mann, als auch die Beziehungserfahrungen der Betroffenen aus den Herkunftsfamilien nachvollzogen. Dabei fühlt man sich nie kritisch-distanziert betrachtet, nie „über-führt", sondern immer liebevoll „geführt". So verhilft der Autor der Leserin, dem Leser immer wieder zum Mitgefühl mit sich selber, dem ersten wesentlichen Schritt zur Veränderung. Aber er bleibt bei der Analyse nicht stehen, sondern verwendet sehr viel Mühe und Sorgfalt, um auch konkrete Veränderungsstrategien zu beschreiben.

Vielleicht mag es die Leser/-innen manchmal befremden, daß dabei – ganz im Sinne der Transaktionsanalyse, der therapeutischen Richtung des Autors – so häufig von „Entscheidungen" die Rede ist, so als ob wir das alles „in der Hand hätten". Nun, wir haben vieles auch in der Hand, und dem Autor ist eine passive Opferhaltung, in die wir uns so leicht flüchten, „wenn die Seele SOS funkt", zutiefst zuwider. Er traut den Menschen etwas zu, er traut der Liebe etwas zu: Krankhafte und

7

destruktive Eifersucht läßt sich überwinden, wenn wir nur an der richtigen Stelle ansetzen. Und um die zu finden, werden wir von diesem Buch umfassend und gründlich informiert, nie theoretisch distanziert, sondern eingängig und zweilen auch humorvoll und unterhaltsam.

Hans Jellouschek
Ammerbruch, Januar 2000

1 Eifersüchtige Lebensgeschichten

Franz und Marion S.

Franz S. ist 31 Jahre alt, Versicherungsangestellter und seit vier Jahren verheiratet. Im Kreise seiner Bekannten und Kollegen gilt er als freundlich und zuverlässig, als ein Mensch, der einfühlsames Interesse an seiner Umwelt zeigt, stets ein offenes Ohr für die Sorgen und Probleme seiner Kollegen hat, gelegentlich etwas pedantisch wirkt, im großen und ganzen jedoch als gerngesehener Freund eine Vielzahl privater Kontakte pflegt.

Die Ehe mit seiner vier Jahre jüngeren Frau Marion, die nach erfolgreichem Abschluß des Abendgymnasiums ein Studium als Sozialpädagogin begonnen hat, gilt als harmonisch, weitgehend konfliktfrei und beständig.

Vor ca. zwei Jahren lernte ich Franz S. durch meine Tätigkeit als Psychologe und Psychotherapeut kennen. Ein Kommilitone seiner Frau hatte mich empfohlen, da er wußte, daß ich mich seit einiger Zeit mit der Therapie von Eifersucht und der daraus entstehenden Problematik für Paare beschäftigte.

Bei unserem ersten Treffen erlebe ich Franz S. als einen Menschen, der in unkomplizierter und, wie mir scheint, offener Weise über sich und sein Leben erzählt, der auftauchende Probleme mit Energie und Zuversicht anpackt, über eine gesunde Portion Selbstbewußtsein verfügt, dabei aber durchaus Kritik annehmen und die Ansichten seiner Mitmenschen respektieren kann.

Er wirkt gesund, tatkräftig und ausgeglichen, als er mir erzählt, daß er seit einigen Monaten ein paar Probleme in seiner Ehe sehe, die er gerne mit mir besprechen möchte. Auf den ersten Blick kann ich keinen Eindruck davon gewinnen, in wieweit er tatsächlich vor einer für ihn schwierigen Lebenssituation steht und worin diese Schwierigkeit für ihn eigentlich besteht. Die Ernsthaftigkeit der Problematik scheint zu fehlen – persönliche gefühlsmäßige Betroffenheit ist kaum zu spüren.

Soweit ich Herrn S. zu diesem Zeitpunkt verstand, hatte es in seiner Ehe in den letzten Wochen einige Auseinandersetzungen wegen eifersüchtiger Reaktionen sowohl von ihm wie von seiner Frau gegeben, welche die gewohnte Harmonie der Beziehung beeinträchtigt hatten, jedoch aus seiner Sicht keine ernsthafte Belastung oder gar Bedrohung der Beziehung darstellten. Bedeutende Liebesbeziehungen neben der Ehe waren nicht gegeben. Die Auseinandersetzungen hatten sich vielmehr an wenigen Situationen entzündet, in denen sich – abwechselnd – der eine oder andere Partner momentan vernachlässigt und nicht mit der erwünschten Aufmerksamkeit bedacht gesehen hatte.

Als ich Herrn S. meine ersten Beobachtungen und Überlegungen mitteile, bemerke ich, wie sehr ich mich geirrt hatte: Er wertet meine Ausführungern nicht als Ermutigung und Bekräftigung seiner vorhandenen Fähigkeiten zur selbständigen Lösung der Beziehungsprobleme, sondern fühlt sich zurückgewiesen, als Mensch nicht interessant oder wichtig genug, um Beachtung und Hilfe zu finden. Selbstzweifel und Selbstabwertungen werden nun sichtbar.

„Ich weiß ja, daß ich mich manchmal künstlich aufrege", beginnt er nach einiger Zeit, „einer meiner besten Freunde rät mir auch oft, ich solle die ganze Sache nicht so ernst nehmen, ich solle lieber mal in Ruhe abwarten. Normalerweise würd' ich das ja genau so sehen, aber manchmal – manchmal glaube ich, ich werde verrückt – daß ich irgendwie nicht normal bin oder sowas ... Ich weiß auch, daß ich mich dann völlig verrückt benehme, aber ich weiß nicht, was ich dagegen tun soll – das ist so, als ob ich völlig die Kontrolle über mich verliere ..."

Ich frage Herrn S., was es sei, das er als „verrückt, unnormal, unkontrolliert" empfindet.

„Eifersucht" – „wie soll man das anders nennen? – immer diese Eifersucht – und Marion, meine Frau, ist da genauso – die ist genau so verrückt – eifersüchtig, meine ich – nur sie hält das besser aus als ich – ist ja auch wirklich völlig unnormal – manchmal."

Im weiteren Verlauf des Gesprächs betont Herr S. deutlich gefaßter mit einem andauernden Unterton leichter Selbstbeschimpfung, leichten Ärgers seine aus seiner Sicht völlig unnötigen und unnormalen Gefühlsreaktionen. Herr S., dem es in seinem alltäglichen Leben ebenso ungewohnt wie unangemessen erschien, starke Gefühle zu empfinden, begann, sich einzugestehen, daß er unter heftigen und für ihn unkontrollierbaren Eifersuchtsreaktionen litt. Im Unterschied zu manchen eifersüchtig empfindenden Menschen, die selbstgerecht und scheinbar überlegen die vermeintlichen Verfehlungen des Partners zur Rechtfertigung ihrer Gefühle in den Vordergrund ihrer Aufmerksamkeit rücken, bedeutet dieses Gefühl für Franz S. einen Beweis eigener Unzulänglichkeit. Er schämt sich für diese Gefühlsreaktionen und hält sie für „irrational und verrückt".

Dieses Empfinden ist charakteristisch für einen Großteil heftig eifersüchtig reagierender Menschen: Nicht nur, daß die bestehende Paarbeziehung als bedroht gesehen wird, nicht nur, daß der Verlust an Kontrolle sowohl über die Beziehungssituation, wie auch über die eigenen inneren wie die nach außen gezeigten Reaktionen bemerkt und befürchtet wird, sondern vor allem das Erleben dieser Phänomene als persönliche Unzulänglichkeit, als Makel, der unerklärbar der eigenen Person anhaftet und sie minderwertig, „unangemessen" und im Grunde für andere – insbesondere den eigenen Partner – unakzeptabel macht.

Im Gespräch mit Herrn S. bemühe ich mich, ihn von diesem zusätzlichen inneren Druck zu entlasten, sage ihm, daß ich Eifersucht für ein völlig gesundes und angemessenes Gefühl halte in Situationen, wo eine Paarbeziehung bedroht scheint. Allerdings bin ich in diesem Bemühen nicht sehr erfolgreich, da Herr S. mir sofort erklärt, daß für eine Bedrohung der Ehe nicht der geringste Anlaß bestehe. Lediglich habe er sich in den letzten Monaten vernachlässigt gefühlt, da seine Frau einen Großteil ihrer freien Zeit mit Kommilitonen verbracht und sich nicht in dem Maße wie vordem für seine Interessen und Alltagserlebnisse begeistert habe. Umgekehrt sei dies sehr ähnlich: Auch er habe seit geraumer Zeit nur noch wenige Abende zu Hause verbracht und sich mehr seinen sportlichen Hobbys im Kreise seiner Freunde und Kollegen gewidmet. Das Gefühl der Zugehörigkeit und Beständigkeit in der Beziehung zu seiner Frau sei aber im Grunde unverändert; auch habe er keinen Anlaß, ernsthaft an ihrer Treue zu zweifeln. Trotzdem sei er zunehmend in Eifersuchtsgedanken und -gefühlen verfangen und „ertappe" sich bei kleinlichen Kontrollversuchen wie auch bei heftigen Ärgerreaktionen gegenüber seiner Frau, die – wenn er die Situation in Ruhe betrachte – wahrscheinlich der einzige Anlaß sein könnten, die Beziehung wirklich zu gefährden.

Begonnen habe es vor etwa einem Jahr, als sich seine Frau zunehmend detaillierter und in für ihn schon fast inquisitorisch wirkender Art nach seinem mehrmals wöchentlich stattfindenden abendlichen Treffen mit seinen Sportkammeraden und einigen Arbeitskollegen erkundigt habe. Er habe damals diese ausgedehnten Abende, an denen er ganz bewußt ohne sie habe ausgehen wollen, sehr genossen und sie nicht als eine prinzipielle Distanzierung von ihr verstanden – schließlich habe es bisher immer eine stillschweigende Übereinkunft zwischen ihnen gegeben, daß jeder einen Teil seiner Zeit auch alleine oder mit nicht gemeinsam geteilten Freunden verbringe. Sie habe dies in gleicher Weise auch ausgiebig getan, was bis eben vor ca. einem Jahr auch keine grundlegende Mißstimmung verursacht habe. Seit damals jedoch habe sich, zunächst kaum merklich, dann aber immer deutlicher, ein gegenseitig empfundenes Gefühl von Mißtrauen eingeschlichen.

Dieses Mißtrauen habe sich anfangs nicht auf konkrete Personen bezogen, die als mögliche „Rivalen" bzw. „Rivalinnen" hätten in Betracht kommen können, sondern sei ein allgemeines Unbehagen gewesen, ein aufkommender Zweifel daran, ob man denn für den Partner noch attraktiv sei oder ob er bzw. sie seine/ihre Zeit doch lieber anderweitig verbringe.

Marion sei bereits in der Zeit des Kennenlernens heftig eifersüchtig gewesen, habe sich im Vergleich zu anderen Frauen auch oft als wertloser, unattraktiver empfunden und habe ihm häufig zu Unrecht unterstellt, er sei heimlich in andere Frauen verliebt.

Diese Eifersuchtsphase sei jedoch im Zuge der Festigung ihrer Beziehung mit wachsender Sicherheit und im Zuge der gemeinsam entwickelten Zukunftspläne schnell vorübergegangen. Vor einem Jahr jedoch sei dieses Eifersuchtsgefühl wieder in alter Heftigkeit aufgeflammt.

Er selber sei im Grunde nie besonders eifersüchtig gewesen, und die nun auftauchenden Gefühle wie auch die sie begleitenden Gedanken seien ihm ziemlich fremd, ja beinahe schon unheimlich.

Dieses Empfinden, daß Gefühle und Gedanken von Eifersucht sich gleichsam aufdrängen, als sei man ihnen hilflos ausgeliefert, auch wenn man sie als schädlich für die Beziehung, quälend für die eigene Person und in vielen Alltagssituationen auch als unangebracht beurteilt, ist für manche Arten eifersüchtigen Empfindens charakteristisch. Das Gefühl bekommt dadurch einen zwanghaft-drängenden Charakter.

Franz S. beschreibt die Entwicklung seines inneren Erlebens und die von ihm registrierten Veränderungen im Verhältnis zu seiner Frau im Verlauf des letzten Jahres: Beginnende Unsicherheit hätte sich bald zu handfesten Zweifeln gesteigert. Einerseits habe er sich immer häufiger die Frage gestellt, ob Marion tatsächlich die richtige Frau für ihn sei, ob sie ihn und seine sonstigen Aktivitäten nicht zu stark einenge, und ob er ihre als kleinlich empfundenen Nörgeleien und Fragen nach seinen Freizeitaktivitäten wirklich auf Dauer ertragen könne.

Andererseits richteten sich seine Zweifel auch gegen die eigene Person. Seiner Attraktivität für sie als Mann sei er sich nicht mehr so sicher wie vordem; v.a. habe er sowohl von ihrer wie von seiner Seite ein abnehmendes sexuelles Interesse festgestellt und beginne sich, was ihn angehe, nun doch Sorgen um einen möglichen Verlust an sexueller Potenz zu machen. Auch ihre früher häufigen Gespräche über die Beziehung und über gemeinsame Zukunftspläne würden ihn nicht mehr so interessieren. Er könne Marions Vorwurf, er übernehme für die gemeinsame Ehe nur noch wenig Verantwortung, durchaus verstehen, sehe sich jedoch momentan nicht in der Lage, an diesem Zustand etwas zu verändern.

Für gemeinsam geplante Aktivitäten fehle ihm meist die Energie, d. h. letztlich die Lust.

Nach solchen eher selbstkritischen Überlegungen beginnt Herr S. im folgenden, mehr und mehr negative Seiten an seiner Frau zu sehen. Waren seine Beschreibungen ihrer Person anfangs überwiegend positiv oder hielten sich positive und unangenehm erlebte Eigenschaften, Verhaltensweisen oder Einstellungen zumindest die Waage, so schien es jetzt, daß Unzufriedenheiten in seiner Beurteilung ihrer Person deutlich überwogen.

Es dauerte eine Weile, bis er sich selber eingestehen konnte, daß es in den letzten Monaten eine Menge Situationen gegeben hatte, in denen er deutlich das Gefühl von Ärger bis hin zu heftiger Wut auf seine Frau empfunden hatte.

Unzufriedenheit, Wut, Selbstzweifel und Zweifel am Bestand der Beziehung hatten sich so unter der Decke einer scheinbar harmonischen Beziehung aufstauen können und wurden erst in dem Moment zum drängenden Problem, als Eifersuchtsreaktionen seiner Frau aus Franz S.'s Sicht die Beziehung grundsätzlicher in Frage stellten.

Seit seiner Kindheit hatte Franz S. es sich innerlich verboten – zunächst unter dem Erziehungseinfluß seiner Eltern, später auch ohne deren direktes Zutun –, Ärger überhaupt zu haben. Empfand er dieses Gefühl trotzdem, so bekam er schnell den Eindruck, überwältigt, nicht mehr handlungsfähig zu sein.

Was ihn einerseits zum liebenswerten, „pflegeleichten" Kollegen und Bekannten machte, der niemandem etwas Unangenehmes sagte, stets ein offenes Ohr für die Probleme der anderen hatte, ohne selbst je heftig ärgerlich zu wirken, genau diese Haltung wird jetzt in seiner eigenen Ehe für ihn zum Problem: Er fühlt sich von seiner Frau herabgesetzt, verletzt und nicht beachtet, ohne daß er Möglichkeiten sieht, ihr diese emotionalen Reaktionen in offener Form, die auch seine Gefühle erkennbar werden läßt, mitzuteilen.

Herr S. hatte statt dessen verschiedene Strategien entwickelt, diese für ihn unangenehmen, bedrohlichen Gefühle abzuwehren und aus seiner inneren Wahrnehmung zu verbannen:

Die erste Strategie bestand darin, das Verhalten und wesentliche Eigenschaften seiner Frau auch ohne äußerlich erkennbaren Anlaß negativ zu bewerten; quasi so, als ob es legitimer würde, ärgerlich auf sie zu sein, wenn sie insgesamt in seiner Achtung und Wertschätzung herabgesetzt erschiene.

So steigerte er sich oft in Aussagen hinein, die ihre mangelnde Aufmerksamkeit und mangelndes Interesse an seiner Person belegen sollten. Einmal beispielsweise habe er nur ihr zuliebe ein ihn ansonsten nicht interessierendes Buch über ein soziales Thema gelesen. Seine Bemühungen, mit ihr sodann darüber ins Gespräch zu kommen, habe sie jedoch völlig ignoriert und statt dessen die mehrfach pro Woche stattfindenden abendlichen Gespräche mit Kommilitonen bevorzugt, die sie aus ihrem Studium kenne. Auch seine Bemühungen, sich durch tägliches Studium anderer als der bisher bevorzugten Sportseiten der Tageszeitung ihren lokal- und gesellschaftspolitischen Interessen anzunähern, sei von seiner Frau zumeist mit Mißachtung gestraft worden.

Herr S. zeigt damit eine für viele Eifersüchtige typische Reaktionsweise: Er versucht, sich unter Aufgabe der eigenen Interessen und der ihm eigenen und seine Persönlichkeit ausmachenden Sichtweisen der Welt an die Interessen seiner Frau anzupassen. Er verbindet damit die Hoffnung, ihr dann besser zu gefallen, ihre Aufmerksamkeit zu erregen oder vielleicht vorhandene mangelnde Übereinstimmung in grundlegenden Lebensinteressen zu überspielen. Der Ärger über mangelnden Erfolg solcher Anpassungsleistungen nimmt er entweder nicht wahr oder er kann ihn nicht ausdrücken. Was zurückbleibt, ist ein undeutliches Gefühl, irgendwie nicht wichtig zu sein, dem jedoch wiederum kaum Bedeutung in der akuten Situation geschenkt wird. Statt dessen bekommt die Partnerin ein weiteres Negativpünktchen auf dem inneren Bewertungskonto, dessen Saldobetrag, falls er denn eines Tages groß genug ist, in einer mehr oder weniger dramatischen und oft aggressiven oder selbstschädigenden Art eingelöst werden wird.

Doch hiervon später mehr. Sehen wir uns zunächst Herrn S.' Negativbewertungen an, wie er sie bis zu diesem Zeitpunkt angesammelt hatte:

Der Vorwurf mangelnder Aufmerksamkeit und mangelnden generellen Interesses an seiner Person war bereits deutlich geworden. Hinzu kam bald auch der Vorwurf nachlassenden sexuellen Interesses, verbunden mit Phantasien über wahrscheinliche Untreuewünsche seiner Frau Marion. Er könne sich, so Herr S., kaum vorstellen, daß sie mehrere Wochen lang kein Verlangen gehabt habe, mit ihm sexuell zu verkehren, ohne daß dies bei ihr mit dem intensiven Wunsch verbunden sei, mit einem anderen Mann schlafen zu wollen.

Vergessen scheinen in dieser Phase alle bisherigen schönen und erfüllten gemeinsamen sexuellen Erlebnisse, wie überhaupt all ihre vergangenen und – wie ich später erfahre – noch anhaltenden Aufmerksamkeiten, Zärtlichkeiten und angenehmen Eigenschaften. Aus einer liebenswerten Frau wird unversehens ein hinterhältiges affairensüchtiges, ignorantes und unverantwortliches Scheusal. Die Tragik eifersüchtigen Erlebens wird besonders deutlich, als Herr S. bemerkt: „Aber trotzdem – ich kann es manchmal auch nicht begreifen, aber ich liebe meine Frau."

Anhaltende Liebe und das Gefühl innerer Verbundenheit, gelegentlich sogar gesteigerter Abhängigkeit und gleichzeitig die Unfähigkeit, mit subjektiv empfundenen Zurückweisungen und Kränkungen konstruktiv umgehen zu können: Das ist die innere Grundsituation, in der sich Eifersüchtige befinden.

Wäre es Herrn S. möglich gewesen, seinen Ärger rechtzeitig zu bemerken und ihm einen angemessenen Stellenwert zu geben, hätte er sicher eine Reduktion von Mißachtungen und Vernachlässigungen durch seine Frau erreicht, falls sie tatsächlich vorhanden gewesen wären. Zumindest hätte er damit eine zwar zunächst schmerzliche, langfristig aber für beide fruchtbare Auseinandersetzung um gegenseitige Ansprüche auf Aufmerksamkeit, Respekt und Füreinander-da-sein angeregt.

Außerdem hätte Herr S. mit einiger Sicherheit nach kurzer Zeit noch etwas bemerkt: daß er neben seinem Ärger das sicher noch bedrohlichere Gefühl der Angst empfindet; der Angst, abgelehnt und verlassen zu werden und letztlich der Angst, unwichtig und wertlos zu sein. Vielleicht hätte er auch das schamvolle Gefühl, durch eine persönliche Eigenheit irgend etwas ihm nicht bewußt Faßbares getan oder bewirkt zu haben, das einen Bruch der Beziehung verursacht hat und eine Zurückweisung seiner Person rechtfertigt.

Zu dem Zeitpunkt, als Franz S. mir über die Probleme seiner Ehe erzählt, hat er vorerst nur gedanklichen, intellektuellen Zugang zu seiner inneren Situation, was allerdings schon ein mutiger und wichtiger erster Schritt war. Die für ihn bedrohlichen Gefühle wie Ärger und dahinter Angst und Scham konnte er noch nicht in vollem Umfang zulassen und damit einer inneren Verarbeitung zugänglich machen – ein Schutzmechanismus, der für ihn damals noch notwendig war.

Doch immer dann, wenn solche Schutzmechanismen wirksam sind, finden Menschen Wege, um durch eine Vielzahl von Verhaltensweisen, auch durch körperliche, psychosomatische Reaktionen mit der offensichtlich unbefriedigenden Lebenssituation in irgendeiner Weise umzugehen. Wenn sie schon diese Situation nicht grundlegend verändern oder eine grundlegend andere innere Haltung zu ihr gewinnen können, so versuchen sie, sie wenigstens „handhabbar" zu machen. Diese Kontrollstrategien bewahren einen Rest an eigenem Einfluß auf die persönlichen Lebensumstände, einen Rest an Würde, die dem Gefühl vorbeugen, völlig ohnmächtig ausgeliefert zu sein

Herr S. erwähnt in diesem Zusammenhang, daß er seit einiger Zeit sehr schlecht schlafe. Übermüdung während der Arbeit des nächsten Tages, Erschöpfungszustände, Rückenschmerzen und Appetitlosigkeit seien hiermit zumeist verbunden. Während solcher Phasen falle ihm dann schon auf, daß seine Frau sich besorgt und in intensiverer Weise um sein Wohlergehen kümmere; fast so wie früher. Auch etliche Termine außer Haus habe sie in solchen Situationen schon abgesagt.

Herr S. kann sein Lächeln nicht unterdrücken, als ich anmerke, daß er auf diese Weise ja bekomme, was er sich von seiner Frau wünsche, sieht aber gleich, daß es das nicht ist, was er eigentlich will.

Auch merkt er, daß durch die häufigen nächtlichen Wachzeiten, in denen er so intensiv grübelt, daß er manchmal befürchet, verrückt zu werden, sein Allgemeinbefinden ernsthaft angegriffen ist.

Weitere Kontrollstrategien kommen noch hinzu: Herr S. schildert, wie er den Tagesablauf seiner Frau fast zwanghaft „aufzudecken" versucht, wie er einen möglichst lückenlosen Einblick in ihre Tätigkeiten bis hinein in ihre geheimsten Gedanken und Wünsche zu erlangen versucht.

Er schäme sich dieser Kontrollhandlungen, sie seien jedoch von genau derselben zwanghaft-drängenden Beschaffenheit wie seine eifersüchtigen Gefühle. Er könne sich einfach nicht entziehen. Er erlebe quälende Ungewissheit, solange er nicht die volle Kontrolle über seine Frau habe. Gleichzeitig empfinde er aber ein ebenso quälendes Gefühl, etwas beinahe schon Unanständiges, einen Übergriff in sehr persönliche Bereiche seiner Frau begangen zu haben, die er ihr im umgekehrten Fall kaum verzeihen könne.

Ein anschauliches Beispiel gibt Herr S., als er über seine Versuche erzählt, die Post seiner Frau nach eventuellen Hinweisen auf einen Liebhaber zu durchsuchen. Er berichtet, daß sie private Briefe zusammen mit anderen ihr wertvollen persönlichen Dingen in einer besonderen Schachtel aufbewahre, die nach stillschweigender Übereinkunft bislang für ihn tabu gewesen sei. Seit einigen Wochen verbringe er jedoch, sobald sie außer Haus sei, geraume Zeit damit, diese Schachtel anzustarren. Er verspüre dabei den starken Drang, hineinzusehen und die dort vermuteten heimlichen Liebesbriefe zu lesen. Er wisse zwar, daß seine Frau wahrscheinlich gar keine heimliche Nebenbeziehung habe; trotzdem male er sich in lebhaften Phantasien aus, wie die Briefe seines Nebenbuhlers, so es denn einen gäbe, geschrieben sein könnten. Zweimal habe er dann auch nicht widerstehen können und den Inhalt der Schachtel durchsucht – leider ohne Erfolg. Ich frage ihn, wieso er „leider" gesagt habe, und ob der „mangelnde Erfolg" nicht vielmehr eine Erleichterung für ihn darstelle. Er verneint dies. Keine einschlägigen Briefe zu finden, erhöhe nur seine Unsicherheit und verstärke den Verdacht, seine Frau verheimliche ihm ihre Bekanntschaften absichtlich. Seine quälende Neugier werde hierdurch nur noch mehr angestachelt. So habe er sich nach erfolgloser Suche in der Schachtel auch zu weiterer detektivischer Schnüffeltätigkeit hinreißen lassen, habe die Taschen ihrer Kleidung durchsucht und auf dem Display des Telefons die zuletzt von ihr angerufene Nummer abgerufen. Ein Blick in ihr Telefonverzeichnis habe ihm jedoch verraten, daß es sich dabei um die Telefonnummer einer alten Freundin gehandelt habe. Weitere Aufschlüsse versuche er über die intensive Beobachtung seiner Frau zu erhalten; er beobachte, welche Zimmer, Schränke oder Kommoden sie kurz nach ihrer abendlichen Rückkehr aufsuche, und er durchsuche dann in unbeobachteten Augenblicken diese Zimmer, um dort eventuell versteckte Hinweise auf einen heimlichen Rivalen zu finden. Falls es ihm gelinge, solche Suchaktionen zu unterlassen, wozu er sich immer stärker regelrecht zwingen müsse, setze eine um so lebhaftere Phantasietätigkeit ein. Die Phantasien kreisten dann um mögliche Treffen seiner Frau mit anderen Männern und seien meist sexuellen Inhalts. Selbst seine besten Freunde habe er in der Phantasie bereits mit ihr zusammen in eindeutig sexuellen Aktivitäten verwickelt gesehen.

Bemerkenswert und charakteristisch für die Mehrzahl von Menschen mit heftigen Eifersuchtsreaktionen ist auch die Tatsache, daß Herr S. sehr nüchtern und sachlich sieht, daß er wahrscheinlich keinerlei objektiven Grund für seine Eifersuchtsreaktion habe, daß er bisher noch keinerlei „Beweis" gefunden habe und daß weiterhin die Art seiner Kontrollen – sollte es wirklich einen heimlichen Liebhaber geben – völlig unwirksam sein würde, dieses Verhältnis aufzudecken oder gar dadurch zu beenden. Diese rationale Erkenntnis verhindert jedoch nicht die beinahe zwanghafte Fortsetzung der Kontrollversuche. Sie scheinen unter dem Motto vollzogen zu werden: „Lieber etwas wahrscheinlich Unwirksames als gar nichts tun".

Wenden wir und nun Marion, Herrn S.'s Frau zu. Auch sie neigt zu heftigen Eifersuchtsreaktionen, die in bestimmter Weise fast wie eine Ergänzung zu Franz S.' Reaktionen wirken.

Als sich beide kennenlernten, so berichtet Herr S., sei zunächst sie es gewesen, die heftig eifersüchtig reagiert habe, jedesmal wenn er

18

seine Aufmerksamkeit – z. B. anläßlich gemeinsamer Besuche bei Freunden – einer anderen Frau geschenkt hatte. Je länger jedoch die Beziehung andauert, je mehr beide Pläne für eine gemeinsame Zukunft schmieden, schließlich eine gemeinsame Wohnung beziehen und heiraten, desto sicherer fühlt sich Marion und desto seltener wird sie von heftigen Eifersuchtsgefühlen geplagt.

Doch diese Sicherheit erweist sich als brüchig. Schon bald beklagt Marion S., daß ihr Mann sich zwei bis drei Mal pro Woche abends mit Freunden und Kollegen trifft, ohne sie mitzunehmen. Beiden gelingt es nicht, sich einen gemeinsamen Freundeskreis aufzubauen. Marion S. fühlt sich bei den Freunden ihres Mannes unwohl, beteiligt sich nicht an den dort besprochenen Themen und gelangt recht bald zu der Überzeugung, daß sie aufgrund ihrer sozialen Herkunft und Ausbildung als Fleischfachverkäuferin minderwertig und unterlegen sei. Einerseits bewundert Marion S. ihren Mann wegen seiner intensiven Kontakte zu einer Vielzahl unterschiedlicher Menschen und seiner Fähigkeit, zu ihnen freundschaftliche Beziehungen aufbauen zu können, andererseits beneidet sie ihn und beginnt, sich über die ihr dadurch entgehende exklusive Zuwendung und Sympathie zu ärgern. Sie beschließt, dagegen etwas zu unternehmen, absolviert an der Volkshochschule das Abitur und schreibt sich für ein Studium in der Fachrichtung Sozialarbeit ein. Während des ersten Semesters lernt sie viele Kommilitonen kennen, mit denen sie sich nun ihrerseits häufig und ohne ihren Mann trifft.

Hinzu kommt, daß Marion S. sich innerhalb der Beziehung zu ihrem Mann ausgenutzt fühlte, da sie sich als diejenige sah, die emotionale Schwierigkeiten auffangen konnte, Geduld und mütterliche Fürsorge für ihren Mann und seine streßbedingten emotionalen Tiefs aufbrachte, ohne daß dies aus ihrer Sicht von ihm entsprechend gewürdigt worden war. Diese dem traditionellen weiblichen Rollenverständnis angepaßten Fähigkeiten schienen ihr nicht die gewünschte Anerkennung eingebracht zu haben, und sie beschließt, ihre Bemühungen in dieser Richtung zukünftig stark einzuschränken und sich statt dessen ihrem Studium zu widmen. Sie hoffte, dadurch ihr Selbstwertgefühl stabilisieren und auch ihre Position in der Beziehung verändern zu können.

Zunächst scheint diese Kompensationsstrategie auch zu funktionieren. Die bisherige Rollenverteilung in der Beziehung scheint sich umzukehren. Franz S. beginnt, sich nun seinerseits gegenüber seiner

Frau unterlegen und wertlos zu fühlen. Er beginnt, die zuvor erhaltene Fürsorge und auch die Bewunderung zu vermissen, obwohl er sich gleichzeitig über zu starkes Eingeengtsein durch seine Frau beklagt. Verstärkt wird dieses für ihn neue Gefühl der Unzulänglichkeit durch eher beiläufig, aber mit großer Penetranz vorgebrachte Äußerungen seiner Schwiegermutter, daß sie letztlich nur einen Akademiker an der Seite ihrer Tochter akzeptieren könne. Herr S., der in seinem Beruf als Versicherungskaufmann durchaus erfolgreich ist, hat aber eben diese akademischen Weihen nicht vorzuweisen. Seine Strategie, mit diesem „Makel" umzugehen, besteht darin, sich von seiner Frau stärker zu distanzieren und sich Anerkennung im Kreise seiner Freunde und Kollegen zu holen. Beiden Partnern gelingt es nicht, eine eigene, unabhängig von äußeren Bestätigungen und Wertvorstellungen wirksame Grundlage ihrer gemeinsamen Beziehung aufzubauen, die Spielräume für individuelle Entwicklungen läßt und gleichzeitig emotionale Sicherheit bietet. Beide machen den Wert ihrer Person wie auch den Wert ihrer Beziehung in hohem Maße abhängig von der Anerkennung durch andere.

Marion S. bemerkt den verstärkten Rückzug ihres Mannes von ihr sehr wohl und hegt auch deshalb den Verdacht, er könne sich in eine andere Frau verliebt haben. Sie nimmt aber letztlich diese Idee nicht sehr ernst, da sie voll und ganz mit Studienaktivitäten beschäftigt ist und den dadurch zustandegekommenen Kontakt zu vielen neuen Freunden in vollen Zügen genießt.

Doch dann bricht ihre unbewußt verfolgte Strategie, den Wert ihrer Person zu stabilisieren, zusammen:

Sie versagt im Studium, erhält einige notwendige Leistungsscheine trotz wiederholter Versuche nicht und muß befürchten, den Studienabschluß nicht zu schaffen.

Dies löst einen völligen Zusammenbruch ihrer bisherigen Strategie der Selbstaufwertung aus. Die alte Rolle in der Ehe will sie nicht mehr, die Karrierestrategie funktioniert nicht, eine weitere Möglichkeit ist für sie kaum vorstellbar. Marion S. beginnt, zunächst an ihrer intellektuellen Leistungsfähigkeit, dann aber auch an ihrem Wert schlechthin zu zweifeln. Aus Scham und Angst, als minderwertig „entdeckt" zu werden, zieht sie sich nach und nach von vielen ihrer Freunde zurück. Argwöhnischer als sonst beobachtet sie nun auch jeden Schritt ihres Mannes und beginnt, Phantasien darüber zu entwickeln, wie er sich angesichts ihrer Minderwertigkeit anderen

Frauen zuwendet, sie sexuell begehrt und intellektuell interessanter findet als sie.

Auffallend dabei ist, daß sich das Paar über die veränderte Situation nicht auseinandersetzt. Auch die zunehmende Diskrepanz zwischen unausgesprochenen emotionalen Ansprüchen aneinander und der offensichtlich zunehmenden Distanzierung wird nicht zum gemeinsamen Thema. Ebenso vermeidet jeder der beiden Partner für sich eine Auseinandersetzung mit den möglichen inneren Ursachen dieser Entwicklung. Unsicherheit bezüglich der eigenen Identität, Angst, nicht geliebt zu werden aufgrund vermeindlich grundlegender Wertlosigkeit, untaugliche Versuche, diese im Grunde recht negativen Einstellungen zur eigenen Person durch zahlreiche und oberflächliche soziale Kontakte sowie durch Leistungsehrgeiz in Studium bzw. Beruf auszugleichen – dies alles wären lohnende Themen für Franz wie auch für Marion S. Doch, wie gesagt, vermeiden beide diese Themen. Stattdessen kommt es zur Eskalation von Ärger, gegenseitigen Verletzungen und Verdächtigungen.

Frau W.

Ich lerne Frau W. als Langzeitpatientin einer psychiatrischen Wohneinrichtung kennen.

Sie ist eine unternehmungslustige Frau in der zweiten Lebenshälfte. Täglich ist sie mehrere Stunden in der benachbarten Kleinstadt unterwegs, unentwegt beschäftigt, irgendetwas, das niemand genauer ergründen kann, „zu erledigen". Ihren ebenso lebhaften wie verworrenen Berichten über ihre Unternehmungen ist zu entnehmen, daß sie irgendwie ihr bisheriges Leben in Ordnung bringen will. Besuche bei allen möglichen Behörden und bei der Polizei gehören regelmäßig mit zu diesem Plan. Ansonsten lebt Frau W. eher isoliert. Weder pflegt sie irgendwelche Kontakte zu ihren Mitbewohnern noch bekommt sie Besuch von Bekannten oder Verwandten. Innerhalb der Wohneinrichtung gilt sie als renitent, gelegentlich aggressiv und ausgesprochen eigenbrötlerisch.

Die meisten der Geschichten, die sie mir erzählt, handeln von ihrem gebrochenen Verhältnis zu Männern: Außer einigen, wie sie sagt,

„ganz vornehmen Herren", seien alle Männer „Schweine und Fau-
lenzer". So auch ihr Ehemann, den sie vor ca. 40 Jahren kennengelernt und mit dem sie dann ca. zwei Jahre zusammengelebt habe.

Er habe „rumgehurt und nicht gearbeitet". Anfangs habe sie aus
lauter Liebe noch alles für ihn getan, habe Tag und Nacht geschuftet,
um die Familie zu ernähren, dann sei ihr jedoch klar geworden, „was
das für einer war".

Eines Tages sei sie von der Arbeit nach Hause gekommen und habe
ihn mit einer anderen Frau im gemeinsamen Ehebett gefunden. Im
Laufe der Zeit sei dies immer häufiger vorgekommen, und schließlich habe er mit jeder geschlafen, die er habe bekommen können.

Die beteiligten Frauen seien, wie die meisten Frauen, auch nichts
wert gewesen. Alle seien „unordentliche Schlampen, durch und
durch verkommen und arbeitsscheu".

Nun sei ihr Mann, bedauert Frau W., keineswegs ein Einzelfall.
Die restlichen Männer seien überwiegend auch nicht besser. Sie
erzählt dann über eine Vielzahl von sexuellen Belästigungen durch
männliches Pflege- und Betreuungspersonal, die sie in den letzten
Monaten habe abwehren müssen – „obwohl die doch alle ihre eigenen Frauen haben". Insbesondere der Leiter der Einrichtung sei in
sexueller Hinsicht ein „Mistkerl"; der treibe es mit allen.

Im Laufe zahlreicher Gespräche erfahre ich Details über die Entwicklung dieser Grundeinstellungen von Frau W.: Es habe alles angefangen, als sie bedingt durch ihre Arbeit als Reinigungskraft den ganzen Tag außer Haus gewesen sei, während ihr Mann, der zu jener Zeit
arbeitslos gewesen sei, faulenzend die Tage im Bett verbracht habe.
Eines Abends habe sie ihn bei ihrer Rückkehr dort, wie erwähnt, mit
einer anderen Frau angetroffen. Seither sei eine nie mehr erlöschende
Wut in ihr, sei sie mißtrauisch gegenüber ihm und allen Menschen
geworden. Sie habe seitdem auch nicht mehr in Ruhe arbeiten gehen
können, habe sich ständig durch Phantasien über neuerliche sexuelle
Seitensprünge ihres Mannes abgelenkt gefühlt, sei zwischendurch
häufig nach Hause gegangen, um ihn zu „erwischen", und habe
schließlich, als sie die Situation gar nicht mehr habe aushalten können, die Arbeit gekündigt, um ihn tagsüber bewachen zu können.

Da ihr Gatte jedoch immer erfinderischer geworden sei in seinen
Bemühungen, sich heimlich mit anderen Frauen zu treffen, habe sie
sich weitere Kontrollmaßnahmen einfallen lassen, um ihn zu „über-
führen": Durchsuchen und Beriechen von Bett- und Unterwäsche

und andere detektivische Nachforschungen seien deshalb notwendig geworden und hätten auch eindeutige Indizien erbracht. Auch seinen hinterhältigen Methoden, sich durch heimliche Zeichen mit den Nebenbuhlerinnen zu verabreden, habe sie schließlich aufdecken können. So habe er z. B. immer den Deckel der Mülltonne offenstehen lassen als Zeichen dafür, daß er allein zu Hause sei und ungestört Besuch empfangen könne. Wenn sie dagegen zu Hause gewesen sei, habe er den Deckel zugemacht. Folglich seien dann die Nebenbuhlerinnen auch nicht gekommen.

Bemerkenswert und charakteristisch für die Ideenwelt vieler Eifersüchtiger finde ich, daß Frau W. zu keinem Zeitpunkt daran dachte, sich von ihrem Mann zu trennen. Trotz unbändigen Hasses und nervenaufreibender Streitszenen und Kontrollritualen schien sie auf unerklärliche Weise innerlich fest an ihn gebunden zu sein. Der „Beweis" der Untreue wurde zum alles überschattenden Drang. Das Bestreben, Sicherheit zu gewinnen, Recht zu haben schien wichtiger zu sein als mögliche Versuche, die Beziehung zu retten oder eine Lösung durch Trennung zu finden.

Zunehmend schienen sich dabei Realität, tatsächliche Verletzungen, Demütigungen und Phantasie bei Frau W. zu vermischen. Sie entwickelte nach und nach ein umfangreiches Wahnsystem, dessen Behauptungen und scheinbare Beobachtungen immer absurder und unwahrscheinlicher wurden.

So berichtet sie, daß ihr Mann im Laufe eines Jahres nach dem ersten Ehebruch mit fast allen erreichbaren Frauen der Umgebung ein Verhältnis gehabt habe. Dafür habe sie schriftliche Beweise, welche die örtliche Polizei, die mit ihm unter einer Decke gesteckt habe, jedoch habe verschwinden lassen. Ein Besuch und die persönlich vorgetragene Beschwerde beim Bundeskanzler sei ihr auch verwehrt worden. Schließlich sei es soweit gekommen, daß der benachbart wohnende Gemüsehändler ihrem Mann seine Frau ausgeliehen habe, um im Gegenzug ihr – Frau W. – nachstellen zu können. Sie habe das „Schwein" jedoch abgewiesen. Auch die Frau des evangelischen Pfarrers habe sich ihrem Mann hingegeben. Dieser habe zwar davon gewußt, ihr gegenüber jedoch nichts zugeben wollen, da er ein so „anständiger und vornehmer Mann" gewesen sei, daß er diese Schande nicht habe aussprechen können.

Auf meine Fragen, was denn schließlich aus der Ehe geworden sei, schweigt Frau W. Aus ihrer Akte entnehme ich, daß es mehrfach zu tätlichen Auseinandersetzungen gekommen sein muß, die von der Polizei geschlichtet wurden. Ihr Mann, der sie schließlich wegen Körperverletzung angezeigt hatte, war dann aus der gemeinsamen Wohnung ausgezogen. Bei dem Versuch, den Rest seiner persönlichen Sachen abzuholen, hatte Frau W. ihm aufgelauert, um ihn mit kochendem Wasser zu übergießen. Die Ehe wurde geschieden, Frau W. in eine psychiatrische Anstalt eingewiesen.

Ihr weiteres Leben verbrachte sie in verschiedenen stationären und teilstationären Einrichtungen. Immer wieder unternahm sie Versuche, mit Hilfe unterschiedlichster Behörden, ein ihr widerfahrenes Unrecht nachzuweisen. Sie selbst betrachtet rückblickend ihr gesamtes Leben als eine anhaltende Serie von Verletzungen, falschen Beschuldigungen und sexuellen Belästigungen.

Eine Irre – wahnsinnig vor Eifersucht, unheilbar krank. So lautet schließlich das Urteil der Fachärzte. Eine belastende Ehe- und Berufssituation habe zur Dekompensation geführt und die Symptomatik einer latenten Schizophrenie manifest werden lassen. Verfolgungswahn, schwere Störungen der Identität und unzusammenhängend-verworrene Denkmuster seien die bedauerlichen Erscheinungsformen dieser schweren Störung.

Auf den ersten Blick sieht es so aus, als handele es sich bei Frau W. um einen zwar aufsehenerregenden, aber sehr seltenen Sonderfall, eine extreme Ausnahmeerscheinung.

Bei genauerer Überlegung kommt man jedoch zu dem Schluß, daß die Verhaltensweisen, Wahrnehmungsverzerrungen, Grundeinstellungen und Wahngedanken, die wir hier in extremer Form erleben, bei einer Vielzahl heftig eifersüchtig reagierender Menschen zu beobachten sind – nur eben meist in abgeschwächter und das alltägliche Leben nicht so stark beeinträchtigenden Form.

Wahnideen lassen sich – und dies gilt nicht nur für Eifersuchtswahn – oft als Schutzmechanismen beschreiben, die in Zeiten gebildet und weiterentwickelt wurden, wo zentrale Bestandteile der eigenen Persönlichkeit durch äußere Einflüsse, denen ansonsten nicht wirkungsvoll begegnet werden konnte, grundlegend bedroht waren. Diese Schutzmechanismen helfen, Einstellungen zu bilden, die eine subjektiv gefährlich erscheinende Lebenswelt erklärbar machen. Sie helfen auch, indem sie eigene heftige Gefühle – Trauer und Wut beispielsweise – aus der Eigenwahrnehmung ausblenden, was dann zu stark verzerrter Sicht des eigenen Verhaltens und Erlebens führt. Sie helfen schließlich, indem sie durch verzerrte Wahrnehmung anderer Menschen und Konstruktion von Zusammenhangsbehauptungen die Voraussetzungen dafür schaffen, daß nicht akzeptable und bedrohlich erscheinende Teile der eigenen Person auf andere Menschen projiziert und dort bekämpft werden können. So ist es ohne Weiteres möglich, daß eigene Wut aufgrund vielleicht Jahre zurückliegender starker psychischer Verletzungen, die zum Entstehungszeitpunkt nicht verarbeitet werden konnte oder mit starken zusätzlichen Verboten belegt war, später nicht mehr als solche erkannt wird. Statt dessen werden dann z. B. einem ansonsten völlig neutral reagierenden Nachbarn plötzlich die übelsten aggressiven Absichten unterstellt. Ein handfester Verfolgungswahn kann sich daraus entwickeln. Jetzt darf Wut legitimerweise empfunden werden, der „böse" Nachbar darf nun mit Grund und ohne Schuldempfinden bekämpft werden.

Wenden wir uns noch einmal dem Beispiel von Frau W. zu. Was hätte es sein können, das sie in den Grundlagen ihrer Persönlichkeit so erschüttert hat, daß sie die beschriebene Entwicklung nahm. Den Akten hatte ich entnommen, daß ihr Mann im Zuge der Gerichtsverhandlung wegen Körperverletzung die Tatsache der ehelichen Untreue in einem Fall nicht bestritten hatte. So verletzend, enttäuschend, Wut und Verzweiflung rechtfertigend diese Tatsache sicher war, so sicher ist auch, daß Frau W. auf der Basis einer ansonsten stabilen, ihres Wertes sicheren Persönlichkeit wahrscheinlich nachfolgend nicht derartig verrückte Reaktionen entwickelt hätte, v. a. nicht eine Ausdehnung des beschriebenen Wahnsystems. Ich hatte deshalb vermutet, daß es wahrscheinlich schon in der Kindheit und Jugend von Frau W. Ereignisse gegeben haben müsse, die in kritischen und sensiblen Phasen der Persönlichkeitsentwicklung derart verletzend oder bedrohlich gewesen sein müßten, daß eine Art Vorschädigung als Basis für die starke Wirksamkeit des einzelnen Untreueerlebnisses angenommen werden könnte.

Die bisherige Anamnese von Frau W. bot das Bild einer zwar arbeitsamen und anstrengenden, aber doch harmonischen, geordneten, emotionale Sicherheit und das Modell einer funktionierenden elterlichen Ehe bietenden Kindheit.

Erst ihre fast nebenbei erwähnte Bemerkung, beide Eltern hätten immer großen Wert darauf gelegt, daß sie außer zum Schulbesuch das Haus nicht verlasse, daß sie auch nicht erinnern könne, Freunde gehabt zu haben und auch später als Jugendliche nur zwei oder drei Mal habe zum Tanzen gehen dürfen, machte mich stutzig. Frau W. berichtet weiter, daß ihre Eltern ihr strikt verboten hätten, mit Fremden oder Nachbarn mehr als das Notwendigste zu reden.

Ich weiß, daß solche Verbote oft aus falsch verstandener elterlicher Sorge um das Wohl der Kinder entstehen. Ich weiß jedoch auch, daß es in diesen Familien oft ein Familiengheimnis, einen dunklen Punkt gibt, der nicht nach außen dringen soll, ja der den Kindern oder Enkeln oft noch nicht einmal bekannt ist. Es herrscht lediglich eine Tabustimmung und die wirkt.

Ich bleibe in den folgenden Gesprächen mit Frau W. bei diesem Punkt. Allmählich fügen sich Erinnerungsfragmente zusammen, ergibt sich ein auch nach Monaten noch lückenhaftes, aber in wesentlichen Teilen auch rekonstruiertes Bild einer Kindheit, die alles andere als harmonisch und emotional sicher war:

Bereits im Alter von sechs Jahren war Frau W. von ihrem Vater sexuell mißbraucht worden. Bei abendlichen Festen soll er seine männlichen Freunde meist in stark angetrunkenem Zustand ermuntert haben, seine Tochter in eindeutig sexueller, für sie bedrohlicher wie verwirrender Weise anzufassen. Einen Nachbarn, von dem im Ort bekannt gewesen sei, daß er „Schweinkram mit Kindern" in seinem Hause mache, habe sie häufig besuchen sollen, wogegen sie sich aber erfolgreich jedoch unter Inkaufnahme drastischer Strafen gewehrt habe. Ihre Mutter habe von all dem gewußt, sie aber nicht geschützt, da sie Angst vor tätlichen Auseinandersetzungen mit ihrem Mann gehabt habe. Sie habe ihr geraten, über den Mißbrauch, den sie als schließlich gar nicht so schlimm bezeichnet habe, ganz zu schweigen. Im Alter von 16 Jahren sei ihr Vater dann schwer erkrankt und habe auch die Kontakte zu seinen Saufkumpanen aufgegeben. Die sexuellen Belästigungen seien damit vorerst beendet gewesen.

Nun mag man einwenden, daß es sich bei Frau W.'s Erinnerungen um Ergebnisse einer vielleicht schon damals vorhandenen blühenden kindlichen Phantasie handeln könne oder um später im Zuge ihres Eifersuchtswahns entstandene Konstruktionen, die sie heute als Realität erlebe. Das ist in der Tat nicht mit letzter Sicherheit auszuschließen. Auffallend war nur, daß ihre Berichte über diese frühen

Erlebnisse zwar bruchstückhaft, aber keineswegs verworren und unrealistisch entstellt waren, wie dies bei ihren sonstigen Erzählungen über die sexuellen Untaten der heutigen Männer der Fall war. Sie entsprachen in ihrer Form durchaus einer dem damaligen Lebensalter adäquaten kindlichen Wahrnehmung. Auch fehlte die sonst übliche aggressiv gereizte Grundstimmung. Vielmehr traten an ihre Stelle oft Schweigen sowie Traurigkeit. Frau W. weinte viel, während sie erzählte. Das ausgeprägteste Grundgefühl jedoch war Angst. Ich konnte diese Angst an vielen Stellen spüren; ihre Augen hatten den Ausdruck von Entsetzen, Unruhe, während sie immer wieder stockte, ihr die Erinnerung versagte und sie auch zweifelte. So fragte sie mehrmals: „Glauben Sie denn, daß das wirklich so war – ich meine – man erinnert sich doch an vieles nicht mehr richtig – ich weiß nicht – vielleicht bin ich ja auch verrückt."

Diese Form des Erinnerns, die sie begleitenden Affekte und auch die Zweifel und Ungewißheiten hatten eine deutlich andere Qualität als ihre sonstigen Wahnproduktionen.

Um Mißverständnissen gleich hier vorzubeugen: Ich möchte nicht die Ansicht verbreiten, daß Eifersuchtsreaktionen, speziell Eifersuchtswahn, immer die Spätfolge sexuellen Mißbrauchs in der Kindheit seien. Ich bin jedoch sehr davon überzeugt, daß Erinnerungen aus den biographischen Entwicklungen, welche die Herausbildung einer stabilen Identität, besonders der geschlechtsbezogenen Identität erschwert haben, einen starken Einfluß darauf ausüben, in welcher Weise problematische Situationen in einer späteren Liebesbeziehung gelöst oder persönlich verarbeitet werden können.

Medea

Eifersucht gehört mit zu den leidenschaftlichsten, vitalsten Aspekten menschlichen Erlebens. Sie ergreift und beeinflußt ganzheitlich unsere gesamte Person, unsere Gefühlsreaktionen, Gedanken und inneren Verhaltenspläne.

Überlieferungen aus der Antike zeigen, daß Eifersucht schon seit Jahrhunderten die Menschen beschäftigt und auch Künstler inspiriert hat. Die bekannteste literarische Figur jener Zeit ist sicherlich Medea. Euripides, ein griechischer Tragiker, widmete ihr, überlieferte Mythen aufgreifend, ein später von anderen Autoren vielfach bearbeitetes Drama.[1] Er hatte dabei sicher nicht nur die Mythologie, sondern gleichzeitig die inneren Qualen der Frauen jener Zeit (431 v. Chr.) vor Augen. Untreue gehörte damals zum Standardrepertoire der Heldentugenden ihrer Gatten. Ihnen selbst war sie bei Androhung der Todesstrafe untersagt.

Selbst die Götter schienen den unangenehmen Folgen dieser Leidenschaft nicht entfliehen zu können. So bescherte Zeus, der Göttervater, seiner Hera so manchen Verdruß durch mannigfaltige Liebschaften mit Frauen jedweder Herkunft.

Doch zurück zu Medea. An dieser Figur verdeutlicht Euripides in eindrucksvoller Weise die unterschiedlichen Begleitumstände, die zu eifersüchtigem Erleben beitragen. Medeas Geschichte ist schnell erzählt:

Im asiatischen Kolchis herrschte König Äetes, der Vater der mit göttlichen Zauberkräften ausgestatteten Medea. Eines Tages kam der Grieche Jason in sein Reich, um dort das geraubte Goldene Vlies zurückzuholen – dies war die Bedingung, die ihm sein hinterlistiger Onkel Pelias gestellt hatte, um ihn in seinem Reich als Thronfolger zu akzeptieren. Zur Erlangung des Goldenen Vlieses mußte Jason diverse Abenteuer mit Drachen und feuerspeienden Stieren überstehen, was ihm ausschließlich durch die Hilfe der Zauberkräfte Medeas, die sich inzwischen in ihn verliebt hatte, gelang. Unter Aufgabe ihrer Königswürde und nach Ermordung ihres eigenen Vaters floh Medea schließlich mit ihrem geliebten Jason ins entfernte Reich des Königs Kreon von Korinth. Dort war sie als Fremde zwar geduldet, aber nicht gerade willkommen. Um sich und seinen Kindern eine gesicherte Zukunft in Korinth zu schaffen, trennte sich Jason von Medea und plante, Kreons Tochter zu heiraten. Medea soll binnen eines Tages aus dem Reich verbannt werden, entsinnt sich jedoch ihrer Zauberkräfte und tötet – rasend vor Eifersucht und Rachegelüsten – Kreon, dessen Tochter und schließlich auch ihre eigenen Kinder, die sie nicht der Rache der Korinther überlassen will. Lediglich Jason bleibt verlassen zurück.

Medeas Amme beschreibt den Schmerz ihrer Herrin, als diese erfährt, daß ihr Mann sie verstoßen hat:

Dem Schmerze hingegeben, sonder Speise liegt
Sie da, verzehrt in Tränen sich den ganzen Tag,

Seit sie von ihrem Gatten sich verstoßen sieht,
Das Auge nicht erhebend und vom Boden nie
den Blick wegwendend; ...[2]

Aber nicht nur der Schmerz über den Verlust ist es, der Medea quält. Vor allem Jasons Undank ihr gegenüber, die Herabwürdigung all dessen, was sie dank ihrer Fähigkeiten für ihn getan hat, als er das Goldene Vlies erkämpfte und die Verachtung dessen, was sie für ihn in ihrer Heimat aufgegeben und zerstört hat. Sie hat ihre eigenen Wurzeln und damit einen Teil ihrer persönlichen Identität ausgelöscht und ist für ihn in die Fremde gezogen, in der sie vollständig von seiner Gnade und Protektion abhängig war. Ihre einzige Hoffnung, daß dieser hohe Preis durch anhaltende Liebe ihr gegenüber aufgewogen werde, wurde bitter enttäuscht. Alles aufgegeben und nichts erhalten zu haben, darin besteht die Verzweiflung Medeas, wenn sie klagt:

Geliebte Frauen, mir erlosch des Lebens Reiz.
Auf den ich all mein Hoffen setzt' mein ganzes Glück,
Den Gatten hab ich als den schlechtesten Mann erkannt.
Von allem, was auf Erden Geist und Leben hat,
Sind doch wir Fraun das Allerunglückseligste.
Mit Gaben sonder Ende müssen wir zuerst
Den Gatten uns erkaufen, ihn als unsern Herrn
Annehmen; dies ist schlimmer noch als jenes Leid.
Dann ist das größte Wagnis, ob er bieder ist,
Ob böse; denn unrühmlich ist's dem Weibe, sich
Vom Mann zu trennen und sie darf ihn nicht verschmähn.
...
Doch sind wir unter Mühen dann ans Ziel gelangt
Und trägt der uns Verbundne froh mit uns das Joch,
Ist unser Los zu neiden; sonst sei es der Tod![3]

Das Ausgeliefertsein in einer Rolle, in der es ihre einzige Aufgabe ist, die Macht des Mannes zu neiden, bildet die Grundlage für ein tief verletzendes Gefühl der Ohnmacht und der Ungerechtigkeit, das nach Ausgleich verlangt.

Ihre Rachephantasien können als ein archaisch-magischer Wunsch angesehen werden, diesen Ausgleich zu schaffen, um so dem Gefühl der Schwäche und des Ausgeliefertseins etwas entgegenzusetzen.

Durch Vernichtung oder Schädigung desjenigen, der die Verletzung bewirkt hat, soll seine Untat ungeschehen gemacht werden, soll das eigene Gefühl der Stärke gestützt und die Schmach, dem Gespött der Fremden ausgesetzt zu sein, abgewehrt werden.

Aus dieser Motivation heraus sinnt Medea auf Rache; jedoch keine einfache, banale Rache, sondern eine hinterhältige, alles vernichtende und nicht aufzuhaltende Rache soll es sein und eine typisch weibliche, die der männlichen Macht etwas mit eigenen, wie Medea glaubt, spezifisch weiblichen Mitteln entgegensetzt:

> *Dann schweigt! In anderm ist das Weib voll zager Furcht,*
> *Zum Kampfe mutlos und zu feig, ein Schwert zu schaun;*
> *Doch ward gekränkt sie in der Ehe heil'gem Recht,*
> *Giert keine Seel' auf Erden mehr nach Blut und Mord.*[4]
> *...*
> *Wohlan! Von allen deinen Künsten spare nichts,*
> *Berate dich, Medea, sinne Listen aus*
> *Zum Ärgsten schreite! Nun bedarf es hohen Muts.*
> *Siehst du, wie sehr du leidest? Werd nicht zum Gespött*
> *Dem Sisyphosgeschlechte und der neuen Eh'*
> *Du Kind des edlen Vaters und des Helios!*
> *Du bist so vielerfahren; auch erschuf Natur*
> *Uns Frauen in den edlen Künsten ungeschickt,*
> *In allem Bösen aber höchst erfinderisch.*[5]

Erinnern wir uns an Frau W. aus dem vorangegangenen Kapitel. Auch sie erschießt oder ersticht nicht etwa ihren untreuen Ehemann; sie überschüttet ihn mit kochendem Wasser, einem Mittel aus ihrem Reich: der Küche.

Wenngleich auch Rache nicht gleichzusetzen ist mit Eifersucht, so ist sie doch eines ihrer verdeckten Motive. Sie bildet oft einen Teil eifersüchtigen Reagierens, selbst wenn dieser Teil nur heimlich in der Phantasie existiert.

Neben Rachewünschen ist Neid ein weiterer wichtiger Anteil der inneren Reaktionen bei Eifersucht. Neid, jene ambivalente Mischung aus Besitzenwollen und Bewunderung und andererseits Ärger auf Besitz und Macht der geliebten Person, richtet sich besonders auf die Macht des Partners/der Partnerin, die Liebe zu versagen oder anderen zu schenken. Das für eifersüchtiges Erleben so charakteristische Gefühl der eigenen Machtlosigkeit, das tief an den Grundfesten der eigenen Person zu rütteln scheint, gleichzeitig aber mit Ärger verknüpft ist, beruht auf diesem Neid.

So selbstverständlich und vertraut den meisten von uns diese Gefühle wahrscheinlich sind, so wenig Achtung bringt man ihnen in unsere Gesellschaft entgegen. Eifersucht ist ein verpöntes Gefühl. Jemand, der heftige Eifersuchtsreaktionen zeigt, setzt sich damit leicht dem Gespött seiner Mitmenschen aus.

Frauen, die – erziehungsbedingt – ihre Identität stark über die Beziehung zu einem Mann definieren, fühlen sich nicht nur in einem Teil ihrer Person bedroht, wenn sie verlassen oder betrogen werden, sie dürfen die damit verbundenen Gefühle auch nur sehr verhalten zeigen, um nicht zusätzlich belächelt und mit dem negativ besetzten Begriff „Hysterikerin" belegt zu werden.

Eifersucht bei Männern wird in unserer Gesellschaft zwar anders, jedoch auch nicht gerade positiv bewertet. Sie gilt vielen immer noch als Zeichen der Schwäche, als Beweis, der Mann habe sich selbst und seine Frau nicht richtig unter Kontrolle. Dies bedeutet Machtverlust und gelegentlich auch Statusverlust. Der gehörnte Ehemann, der zum Gespött seiner Stammtischkollegen wird, dürfte sicher noch immer nicht ausgestorben sein.

Natürlich gelten diese gesellschaftlichen Bewertungen heute nicht mehr ungebrochen. Im Zuge von Veränderungen im Rollenverständnis von Männern und Frauen und im Zuge des Experimentierens mit neuen Formen der Beziehung zwischen den Geschlechtern ist generell auch das Verständnis für die emotionale Betroffenheit bei Beziehungskonflikten gestiegen. Jedoch halten sich gewisse tradierte Bewertungsmuster mit erstaunlicher Hartnäckigkeit.

Eine interessante Variante der Tabuisierung von öffentlich gezeigten Eifersuchtsgefühlen habe ich selbst in den späten sechziger Jahren erlebt. Im Verlauf der sogenannten sexuellen Revolution und der öffentlichen Diskussion um ein neues Rollenverständnis in Beziehungen, wurde Eifersucht zunehmend mehr geächtet. Unter dem Motto: „Wer zweimal mit dem/der gleichen pennt, gehört schon zum Establishment" geriet jede/r, die/der zugab, eifersüchtig zu sein, sofort in den Verdacht, bürgerliches Besitzdenken innerhalb der

Beziehung zwischen Männern und Frauen konservieren zu wollen. Wer dies nicht wollte, hatte fortan auch keinen Grund zur Eifersucht zu haben. Glaubte man doch, Eifersucht sei ausschließlich gebunden an die Existenz von Privateigentum und patriarchalischen Machtansprüchen. In Gesellschaftsformen, in denen diese Bedingungen nicht mehr das Denken und die Art der Beziehungen von Menschen zueinander bestimme, könne es keine Eifersucht mehr geben.[6]

Zum Glück gab es auch genügend Südseeinseln, um unter ihnen eine zu finden, in denen diese Lebensform sich entwickelt oder erhalten hat und deren Bewohner deshalb vollkommen frei von Eifersucht sein sollen. Wie schade nur, daß die meisten von uns nicht auf dieser Insel lebten und auch nicht dort erzogen und geprägt wurden. So mußten wir weiter eifersüchtig sein, ohne es jedoch besonders erwähnen zu dürfen.

Ich wollte mit diesen Ausführungen die Bedeutung öffentlicher Bewertung von Eifersucht für die persönliche Verarbeitung dieses Erlebens herausstellen. Keineswegs wollte ich behaupten, daß gesellschafts- und machtpolitische Überlegungen für das Thema Eifersucht irrelevant sind. Sie sind in der Literatur in gebührendem Ausmaß beschrieben und dokumentiert.[7]

Solchen eher soziologischen Überlegungen widme ich im folgenden wenig Raum, wenngleich ich sie für wichtig halte. Ich möchte mich auf die psychologischen Prozesse und Zusammenhänge konzentrieren, auf das, was auf der beobachtbaren Oberfläche als Eifersucht erscheint.

2 Eifersucht – ein ganz normales Gefühl oder ein pathologisches Phänomen?

Krank oder gesund?

Was ist das also für ein Phänomen: Eifersucht? Sie wird von den meisten Menschen als höchst unangenehm und ihre Lebensqualität einschränkend empfunden. Ist Eifersucht folglich eine Krankheit? Ist sie vielleicht Ausdruck einer anderen psychischen Krankheit oder Anpassungsstörung, die man therapeutisch behandeln oder in leichteren Fällen „in den Griff bekommen" muß?

Ich verstehe Eifersucht zunächst als ein Gemisch aus Ideen, Phantasien und Denkprozessen, verbunden mit den Gefühlen Verletzheit, Scham, Angst und Ärger. Diese Gefühle können durchaus heftige, stark erschütternde Ausmaße annehmen, gehören aber zu den natürlichen, gesunden, ja sogar notwendigen Reaktionen von Menschen, und zwar immer dann, wenn eine bestehende, als bedeutsam geschätzte Liebesbeziehung durch die Beziehung des Partners zu einer dritten Person aus Sicht des/der Eifersüchtigen unangenehmen Veränderungen unterliegt oder in ihrem Bestand gefährdet scheint.
Der Versuch, diese natürlichen Gefühle unterdrücken oder gar bekämpfen zu wollen, ist selbst schon ein Teil des pathologischen, ungesunden Umgangs mit Eifersucht, da sie die Selbstbeschimpfung und -abwertung vieler Betroffener fördert und ihre Idee verstärkt, sie seien mit einem Makel behaftet, der sie unattraktiv für andere mache.
In Situationen eines drohenden Beziehungsverlustes braucht meines Erachtens Eifersucht ihren legitimen Platz im persönlichen Erleben. Es ist gut, sie wahrzunehmen, auszudrücken und sie als wichtiges Hinweissignal zu akzeptieren. Sie kann dadurch einen veränderten Umgang mit vorhandenen Problemen in der Beziehung oder eine veränderte Einstellung zur eigenen Person auslösen.
Die Auffassung, Eifersucht im beschriebenen Sinn sei nicht als pathologisch, sondern als normale Reakionsform zu betrachten, wird auch von Sigmund Freud, einem der Urväter der Psychoanalyse,

geteilt. Bereits 1922 schrieb er: „Die Eifersucht gehört zu den Affekt-
zuständen, die man ähnlich wie die Trauer als normal bezeichnen
darf. Wo sie im Charakter und im Benehmen eines Menschen zu fehlen scheint, ist der Schluß gerechtfertigt, daß sie einer starken Ver-
drängung erlegen ist und darum im unbewußten Seelenleben eine
um so größere Rolle spielt … Über die normale Eifersucht ist analy-
tisch wenig zu sagen."[8]

Von dieser Form der Eifersucht möchte ich eine andere Form unterscheiden, die man pathologisch nennen kann: diejenige Form von Eifersucht, die weniger durch eine aktuelle Bedrohung der Beziehung,
sondern durch Elemente eines unbewußten destruktiven Lebensplans gespeist wird und ihrerseits diesen Lebensplan immer wieder
verstärkt und bestätigt. Eric Berne, der Begründer der Transaktionsanalyse, nennt diesen Lebensplan: Lebensskript. Es enthält u. a.
wichtige einschränkende Botschaften der eigenen Eltern, wichtige,
schon in sehr frühen Lebensjahren getroffene Entscheidungen, wie
Beziehungen zu anderen Menschen zu gestalten sind und welche
Strategien zum Überleben und zum Erhalt von Zuwendung und Liebe
nützlich sind. Vor allem enthält dieses Skript grundlegende Einstellungen über den Wert der eigenen Person und den anderer Menschen.[9]
   In welcher Weise das Lebensskript eifersüchtiges Erleben beeinflußt, werde ich im Verlauf der nächsten Kapitel ausführlich zeigen.
   Gefühle, Gedanken und Reaktionen beider Formen der Eifersucht
sind sich sehr ähnlich, aber nicht vollständig identisch. Am leichtesten lassen sich diese beiden Formen dadurch unterscheiden, daß
nicht-pathologische Eifersucht immer der inneren wie der nach
außen gerichteten Verarbeitung einer problematischen Situation
dient. Sie klingt ab, wenn diese Verarbeitung befriedigend bewältigt
wurde. Pathologische Eifersucht dagegen dient nicht der wirklich
befriedigenden Lösung der problematischen Situation. Oft ist sie
auch auf gar keine reale Situation bezogen. Sie bietet momentane
Scheinlösungen, die wenig später noch größere Probleme für die
Betroffenen nach sich ziehen. Auch klingt sie nicht ab, sondern
besteht entweder permanent und quälend oder flammt zumindest
immer wieder in alter Heftigkeit auf.

Bevor wir nun die innere, psychische Situation Eifersüchtiger
genauer betrachten und damit auch zu einer genaueren Unterschei-

dung von pathologischer und gesunder Eifersucht kommen, möchte ich die häufigsten Phänomene, die mit Eifersucht verbunden sind, in einem Überblick zusammenfassen:

Die „Symptome" der Eifersucht

1. Angst vor dem Verlust des Partners; die Idee, vernachlässigt zu werden; die Idee, daß „Rivalen oder Rivalinnen" mehr Aufmerksamkeit, Liebe oder Fürsorge bekommen.

Im Beispiel von Franz und Marion S. wird deutlich, wie beide dem jeweils anderen Partner diese Mißachtung vorwerfen, wenngleich sie beide ebenso großen Wert darauf legen, die Kontakte zu Freunden und Bekannten aufrechtzuerhalten. Grundlegend ist hierbei die Befürchtung, daß jemand anderes genau die Art der Zuneigung erhält, auf die der andere Partner glaubt, ein exklusives Anrecht zu haben.

Gelegentlich weitet sich die Enttäuschung über die nicht erhaltene Zuwendung aus zu einer geradezu pedantischen Beobachtung des Partners/der Partnerin. Jede seiner/ihrer Handlungen wird dann danach beurteilt, ob sie nicht wieder Ausdruck von Mißachtung ist.

2. Die Angst, einer Zurückweisung hilflos ausgeliefert zu sein. Die Einsicht, daß man die Liebe des Partners oder der Partnerin weder erzwingen noch erkaufen kann. Diese Angst ist dann besonders groß, wenn innerhalb der Beziehung ein Machtgefälle erlebt wird, d. h., daß einer der Partner den Eindruck gewinnt, er oder sie sei stärker von der Liebe des/der anderen abhängig als umgekehrt, er/sie habe nichts von Bedeutung auf dieser Welt, als eben diese Beziehung, während dem/der anderen Wahlmöglichkeiten offenstünden.

Im Falle pathologischer Eifersucht geht dieser Idee meist die Aufgabe oder Verleugnung wesentlicher Teile der eigenen Identität voraus, wie dies im klassischen Beispiel der Medea deutlich wurde.

3. Ärger bis hin zur unbändigen Wut auf den Partner; Verletzungen, Angriffe, Mordgelüste und -aktionen.

4. Gesteigertes Mißtrauen und Ausblendung positiver Eigenschaften und Fähigkeiten des Partners. Abwertung all seiner/ihrer liebevollen Bemühungen. Liebesbeteuerungen des Partners/der Partnerin haben

nicht die geringste Chance, geglaubt zu werden. Die Tatsache, keine „Untreuebeweise" zu finden, wird als besonders heimtückische Form des Betruges gewertet.

Herrn S.' plötzlich veränderte Sichtweise von seiner Frau in unserem Beispiel verdeutlicht dieses, der pathologischen Form von Eifersucht zuzurechnende Verhalten.

5. Haß auf tatsächliche und im Falle pathologischer Eifersucht gelegentlich auf wahnhaft erfundene Rivalen/innen. Der Wunsch, sie zu beseitigen oder zu erniedrigen.

6. Die Ursachen für wahrgenommene Unstimmigkeiten in den Beziehungen werden einem heimlichen Untreuewunsch des Partners zugeschrieben. Der eigene Anteil an der Entstehung solcher Probleme wird geleugnet. Lebhafte Phantasien über sexuelle Beziehungen des Partners/der Partnerin zu anderen Männern bzw. Frauen werden produziert. Im Falle pathologischer Eifersucht entbehren solche Phantasien gelegentlich jeglicher realer Grundlage.

7. Versuche, den/die Partner/in zu kontrollieren, seinen/ihren Tagesablauf zu überwachen, mögliche Untreuebeweise zu entdecken. Selbst das Wissen, daß dies ein wirklich ungeeignetes Verfahren ist, die Beziehung zu retten, falls sie wirklich gefährdet sein sollte, kann diesen zwanghaften Drang zur Kontrolle nicht bremsen. Gerade diese Tatsache finden Eifersüchtige, wie z. B. Herr S., besonders bedrohlich: sich selbst dabei zusehen zu müssen, wie man gerade etwas tut, was man für nutzlos oder gar unmoralisch hält, andererseits gleichzeitig zu glauben, man könne es auch nicht lassen, da sonst scheinbar unerträgliche Angst und Unruhe einsetzt.

Eine spezielle Spielart pathologischer Eifersucht, der „Eifersuchtswahn", zeichnet sich allerdings dadurch aus, daß Betroffene (wie zum Beispiel Frau W.) ihre oft absurden Kontrollhandlungen für völlig angemessen und notwendig halten.

8. Selbstzweifel, übersteigerte Selbstkritik und Geringschätzung der eigenen Person. Das Gefühl, wertlos, unwichtig oder als Mann bzw. Frau unzulänglich, unattraktiv oder sexuell potenzgemindert zu sein. Starke Unsicherheiten bezüglich der geschlechtsbezogenen Identität („geschlechtsbezogene Identität" meint die persönliche und

individuelle Antwort auf die Fragen: Wie bin ich als Mann oder Frau, wie unterscheide ich mich von anderen Männern und Frauen, welchen Platz räume ich der Tatsache, daß ich einem Geschlecht angehöre, in meinem Leben ein).

9. Angst, die Kontrolle über sich selbst zu verlieren, verrückt zu werden, von den eifersüchtigen Gefühlen, Gedanken und Handlungsimpulsen überfallen zu werden, ihnen ausgeliefert zu sein. Das Erleben, nicht mehr Herr des eigenen inneren Geschehens zu sein, wird meist als bedrohlich erlebt.

10. Trotz ihrer Leiden an den vermeintlichen oder tatsächlichen Mißachtungen, Zurückweisungen und Kränkungen ihrer Partner, wollen Eifersüchtige andererseits auch nicht von ihnen lassen. Auch wenn ihnen Freunde raten, an Trennung zu denken, statt sich weiter zu quälen und quälen zu lassen, scheint stark eifersüchtiges Reagieren eine geradezu bindungsfördernde Wirkung zu haben. So kam auch Frau W. in obengenanntem Beispiel trotz vernichtender Kritik an ihrem Ehemann nicht auf die Idee, die Beziehung zu beenden. Die psychologischen Gründe hierfür werden in Kapitel 6 – „Eifersucht und Paarbeziehungen" – deutlich werden.

11. Viele langanhaltend eifersüchtig reagierende Menschen klagen auch über parallel zur Eifersucht einsetzende psychosomatische Beschwerden wie Schlaflosigkeit, Appetitlosigkeit, Kopf und Rückenschmerzen, aber auch über schwerwiegendere psychosomatische Erkrankungen, die durchaus zu körperlichen Schäden führen können. Solche Reaktionen können als eine Verlagerung eines psychischen Konflikts in somatische Reaktionen angesehen werden. Meist passiert dieser Vorgang, wenn dieser Konflikt auf der Ebene der beteiligten Gefühle und Verhaltensweisen entweder gar nicht wahrgenommen wird oder aber unlösbar erscheint.

Der unbewußt manipulative Charakter solcher Erkrankungen gegenüber dem nicht erkrankten Partner spielt in diesem Zusammenhang ebenfalls eine Rolle: Der unbewußte Wunsch des Erkrankten, der gesunde Partner werde nun zumindest einen Teil der erwünschten Liebe, die fürsorgliche Zuwendung, wieder verstärkt für ihn aufbringen, ist hierbei krankheitsfördernd.

12. Vollständig dem Bereich pathologischer Eifersucht zuzuordnen ist ein Phänomen, daß ich bei nicht wenigen eifersüchtig reagierenden Menschen beobachten konnte: Je intensiver und zeitlich ausgedehnter sie mit der inneren Dynamik ihrer Eifersucht und mit den oft dramatischen Szenen in der jeweiligen Beziehung beschäftigt sind, desto weniger investieren sie in die Lösung tatsächlich vorhandener Probleme der Beziehung. Es sieht fast so aus, als würde die gesamte problemlösende Energie vom Eifersuchtsgeschehen absorbiert.

Gutgemeinte Ratschläge von Freunden oder professionellen Beratern zur Verbesserung der Beziehung, die zu anderen Zeiten durchaus nützlich sein können, werden in aller Regel nicht in die Tat umgesetzt. Der innere, psychologische Nutzeffekt der Eifersucht scheint, auch wenn er auf den ersten Blick für Außenstehende nicht erkennbar ist, offensichtlich hier höher zu sein, als der Nutzeffekt einer veränderten Gestaltung der Beziehung. Manchmal sieht es so aus, als ob Eifersüchtige geradezu darauf bestehen, ihre Eifersucht behalten zu dürfen. Hier wird unmittelbar einleuchtend, warum es sich bei Eifersucht um eine „Sucht" im klassischen Sinn des Wortes handelt.

3   Ein Blick hinter die Fassade

Um Eifersucht verstehen zu können, ist es nützlich, die beteiligten seelischen Prozesse genauer zu betrachten, durch die immer wieder quälende Gefühle, Gedanken und Phantasien hervorgebracht werden.

Hierbei wird uns auch die Frage beschäftigen, warum und wann Eifersucht so hartnäckig und langanhaltend auftritt, oft den gesamten Alltag überschattet und uns gelegentlich Dinge scheinbar zwanghaft tun läßt, die wir in anderen Momenten im Grunde für unsinnig halten

Innenleben

Auf der Suche nach einem anschaulichen Beispiel erinnere ich mich an Katrin, eine 32jährige Erzieherin, die mir vor einiger Zeit über ihr Eifersuchtsproblem erzählt hat. Sie ist eine recht attraktive Frau. Männliche Freunde kennenzulernen, erinnert sie sich, sei ihr nie schwergefallen. Nach einer Vielzahl kurzer und heftiger Verliebtheiten lebe sie jetzt seit drei Jahren mit einem Mann zusammen, an den sie sich fest gebunden habe. Nach dem ersten Jahr ihrer Beziehung habe sie begonnen, starke Eifersuchtsgefühle zu entwickeln. Ihr Freund habe damals darauf bestanden, ein eigenes Zimmer in der gemeinsamen Wohnung zu beziehen und nicht mehr jede Nacht im gemeinsamen Bett zu schlafen. Seiner Erklärung, er brauche diesen Rückzugsbereich für sich, habe sie von Anfang an mißtraut. Die Idee, daß er ein Verhältnis mit einer anderen Frau habe, sei ihr sofort gekommen. Immer wieder gefragt, leugne er dies jedoch bis heute. Katrin berichtet weiter, wie sie daraufhin in höchst aufwendiger Weise begonnen habe, ihn zu kontrollieren und gleichzeitig sich selbst mit bohrenden Zweifeln, Selbstabwertungen und depressiven Gedanken zu quälen.

So verdächtigt sie z. B. fast alle Frauen, mit denen ihr Freund längere Zeit redet. Eine Nachbarin, welche ihr regelmäßig besonders freundlich begegnet, ist das Hauptziel ihrer Nachforschungen. Katrin versucht, deren Post zu kontrollieren, um festzustellen, ob sich darin Mitteilungen ihres, Katrins, Freundes befinden – ohne Erfolg. Sie verbringt etliche Zeit am Fenster stehend, beobachtet, wann die Nachbarin mit dem Auto wegfährt und zurückkommt und rechnet dann nach, ob die Zwischenzeit ausgereicht hätte, um ein Rendezvous mit Katrins Freund an dessen Arbeitsplatz zu haben. Bei positivem Rechenergebnis stellt sich Katrin in den lebhaftesten Bildern vor, was beide miteinander getan haben könnten.

Wenn ihr Freund von der Arbeit kommt, durchsucht sie heimlich seine Kleidung nach Hinweisen, Notitzen und Nachrichten von anderen Frauen. Sie prüft am Geruch, ob er in Lokalen gewesen sein könnte, ohne es ihr zu sagen, und ob es verdächtige Geruchsspuren von Parfüm gibt – ebenfalls ohne Erfolg. Seit er ihr gesagt hat, daß er ihre kleinlichen Kontrollen hasse, fragt sie nicht mehr direkt, wo er gewesen sei – schon gar nicht fragt sie nach seinen Gefühlen zu ihr und ihrer gemeinsamen Beziehung. Aber sie zieht ihre Schlüsse aus Beobachtungen seines Verhaltens ihr gegenüber: Fällt die abendliche Begrüßung weniger innig aus als sonst? Hat er etwa auf eine ihrer Fragen desinteressiert geantwortet? Immer entdeckt Katrin „untrügliche" Anzeichen schwindenden Interesses an ihrer Person. Handfeste Hinweise auf ein Verhältnis zu einer anderen Frau entdeckt sie jedoch nicht. Für sie ist dies ein Beweis, wie geschickt er diese zu vertuschen weiß.

Katrin bemerkt auch, wie sie im Zuge dieser Aktionen immer mißtrauischer wird und sich nun ihrerseits innerlich zurückzieht. Sie – nach meinem Eindruck eine lebensfrohe, unterhaltsame Frau – beschreibt sich selbst ihrem Freund gegenüber als launisch, oft stundenlang nörgelnd; fast so, als wolle sie ihn provozieren, endlich zuzugeben, daß er es mit ihr nicht mehr aushalte und ohnehin bereits eine andere habe.

Katrin fordert immer neue Liebesbeweise von ihrem Freund. Er müht sich zunächst redlich und tut das, was er gut kann: Er versorgt sie väterlich mit Trost und guten Ratschlägen bezüglich ihrer „Nervosität", auch mit gehäufter Zubereitung lukullischer Spezialitäten und mit Kammillentee bei Grippe.

Das ist es allerdings nicht, was Katrin von ihm will. Sie möchte als Frau begehrt werden und sich seiner Liebe sicher sein – nur: danach fragt sie ihn nicht. Seine Bemühungen um ihr Wohlergehen sieht sie als Serie besonders geschickter Tarnungsversuche, die von seiner vermuteten Untreue ablenken sollen.

Als er sich dann eines Tages abends in sein Zimmer zurückzieht, da er – wie er ihr sagt – ihre fortgesetzten Muffeleien nicht mehr ertragen könne, kommt es zum vorläufigen Höhepunkt des Eifersuchtsdramas: Sie schreit ihn an, überschüttet ihn mit Vorwürfen, berichtet zornentbrannt über ihre gesamten Kontrollversuche und ihre Gewißheit, daß er sie betrüge. Er versucht, sie aus dem Zimmer zu drängen und die Tür zu verschließen, wogegen Katrin sich zunächst handgreiflich wehrt. Schließlich gibt sie auf und teilt ihm mit, sie werde ausziehen, was sie jedoch wenige Minuten später bitter bereut und schließlich auch nicht tut. Statt dessen legt sie sich ins Bett und macht sich heftige Vorwürfe.

Ihr Gefühl schwankt zwischen Verzweiflung darüber, daß sie betrogen und ausgeschlossen werde, Haß auf ihren Freund und depressiven, selbstanklagenden Momenten, in denen sie sicher ist, weniger liebenswert als andere Frauen zu sein und deshalb immer wieder verlassen zu werden. Mit ihren Aktionen, dies zu verhindern – und dies erzählt sie mit ebenso großer Gewißheit – zerstöre sie dann die Beziehung endgültig; jedoch: stillhalten und abwarten, das halte sie auch nicht aus. Katrin fühlt sich in solchen Momenten völlig hilflos. Sie sieht keinen Ausweg mehr.

Der bisher sichtbare Teil solcher Auseinandersetzungen läßt beobachtbare Verhaltensweisen und beteiligte Gefühle – zumindest aus Katrins Sicht – deutlich erkennen. Wesentliche innere Prozesse sind jedoch bisher unbeschrieben. Sie laufen genau dann ab, wenn die Eskalation zwischen den Partnern scheinbar für den Moment vorbei ist, die Türen voreinander zugeschlagen wurden und zunächst wieder Ruhe eintritt.

Während Katrin sich zurückzieht, erinnert sie sich an Szenen aus früheren Beziehungen: Vor vielen Jahren hatte sie ähnliche Eifersuchtsgefühle und Vermutungen über die Untreue ihres damaligen Freundes. Freundinnen hatten ihr geraten, gelassen zu bleiben, hatten sie schließlich auch überzeugt, daß ihre Vermutungen wahrscheinlich reine Einbildung seien. Sie hatte zögernd angefangen, wieder Vertrauen in ihre Beziehung zu setzen. Genau in diesem Moment – so jedenfalls beschreibt Katrin ihre Erinnerung – habe ihr damaliger Freund mitgeteilt, er habe sich in eine andere Frau verliebt. Ohne Versuche, die bestehende Beziehung zu retten, habe sie sich damals sofort getrennt und beschlossen, daß ihr so etwas niemals wieder passieren werde. Dabei scheint weniger die Bedrohung, der mögliche Verlust der Beziehung das Schlimmste gewesen zu sein. Was „nie wieder passieren" sollte, war die Enttäuschung ihres Vertrauens, zu dem sie sich zuvor nach langen Zweifeln mühsam durchgerungen hatte.

In den folgenden Jahren geht Katrin nur noch flüchtige, eher unverbindliche Beziehungen zu Männern ein. Sie sagt, es falle ihr leicht, sich zu verlieben, sie tue sich jedoch schwer, eine Beziehung zu halten und weiterzuentwickeln.

Erinnerungen an Situationen aus vergangenen Beziehungen sind nach heftigen Auseinandersetzungen infolge von Eifersucht recht häufig. Fast jeder kennt sicherlich auch das Bedürfnis, nach häuslichen Auseinandersetzungen gute Freunde aufzusuchen und die Ereignisse ausführlich zu erzählen. Dagegen ist sicher nichts einzuwenden, dient es doch oft der Verarbeitung und bietet Möglichkeiten der Entlastung, Unterstützung und Ermutigung zu neuen, vielleicht glücklicheren Formen der Auseinandersetzung.

Häufig findet jedoch in solchen Gesprächen noch etwas anderes statt: Man bestätigt sich gegenseitig grundlegende Ansichten – auch Vorurteile – über die Welt, speziell über die Männer bzw. die Frauen. Der ausgiebige Austausch über vergangene und gegenwärtige Untreueerlebnisse z. B. wird so unversehens zum gemeinsamen Klagelied mit den Strophen: 1. So war es immer schon, 2. so ist es heute mal wieder, 3. so wird es immer bleiben, 4. Männer/Frauen sind eben im Grunde …

Auch Erinnerungen, die noch weiter in der eigenen Vergangenheit liegen, werden wieder aktiviert, und zwar vorwiegend dadurch, daß das ohnmächtig-wütend-resignative Gefühl wiedererlebt wird. So erinnern sich viele Menschen im Zusammenhang mit Rivalitätssituationen in Partnerschaften an sehr ähnliche Gefühle in der erlebten Rivalität mit den Geschwistern – besonders dann, wenn sich in der Erinnerung der Eindruck gefestigt hat, sie hätten ständig um Mutters oder Vaters Liebe kämpfen müssen, ohne jemals gegen ihre Geschwister wirklich eine Chance zu haben. Die verzweifelten Gefühle von damals mischen sich dann unter die momentanen und verstärken sie.

Diese Überlegungen brachten mich im Gespräch mit Katrin dazu, sie zu fragen, ob sie die von ihr beschriebenen Gefühle nach der Auseinandersetzung mit ihrem Freund aus Situationen in ihrer ursprünglichen Familie kenne. Sie nickt zunächst nur und sagt dann, während sie versucht, gegen die aufkommende Traurigkeit anzukämpfen: „Eigentlich, solange ich denken kann..." Katrin berichtet, daß sie sich jedesmal ähnlich gefühlt habe, wenn sie allein mit ihrem Vater gespielt oder mit ihm geredet habe, ihre Mutter dann unter Hinweis auf ihre Migräne oder ein anderes Leiden die Situation vorwurfsvoll beendet, Vaters gesamte Aufmerksamkeit auf sich gezogen und sie in ein anderes Zimmer geschickt habe.

Genau so hilflos und elend habe sie sich erlebt, als sie mehrmals für einige Monate bei einer Tante leben mußte und während dieser Zeit kaum Kontakte zu ihren Eltern hatte. Mutter habe ihr zur Begründung gesagt, die elterliche Wohnung sei zu klein für sie und ihre zwei größeren Brüder. Wie sie viel später erfahren habe, seien massive eheliche Auseinandersetzungen, welche die Eltern ihr als jüngstem Kind nicht zumuten wollten, der Anlaß gewesen. Katrin selbst erinnert sich, sie habe es damals im Alter von 5 Jahren schon für völlig selbstverständlich gehalten, daß sie diejenige sein müßte, die – falls es irgendeinen Anlaß gäbe – aus der Familie ausgeschlossen würde.

Später habe ihr Vater die Familie verlassen und sei zu einer anderen Frau gezogen. Trotz ihrer fortgesetzten hartnäckigen Versuche, ihn weiterhin regelmäßig zu sehen, habe er lediglich sporadische kurze Kontakte zugelassen, deren Zeitpunkt allein er festgelegt habe. Er habe, obwohl anwesend, oft nicht einmal die Tür geöffnet, wenn sie ihn besucht habe. Verschlossene Türen, weggeschickt werden, ausgeschlossen sein von der Möglichkeit, einem geliebten Menschen nahe sein zu können – das sind Erinnerungen einschließlich der sie begleitenden Gefühle, die Katrin in der beschriebenen Auseinandersetzung, während der ihr Freund seine Tür versperren wollte, überschwemmt haben.

Für Außenstehende scheinen ihre Reaktionen unangemessen heftig zu sein. Sie sind es sicherlich – bezieht man sie auf die aktuelle Situation. Hat man jedoch das Bild eines gerade 5 Jahre alten Mädchens vor Augen, das verzweifelt um Liebe, Anerkennung und Zugehörigkeit kämpft, während es fortgesetzt ausgeschlossen, weggeschoben und alleingelassen wird, so sind solche Gefühle und Reaktionen mehr als verständlich. Sie sind gesunde, Selbsterhaltung anstrebende Reaktionen eines Kindes.

Genau diese Verhaltensweisen und Gefühle treten – genährt durch gespeicherte Erinnerungen – in Eifersuchtssituationen zu tage.

Nun ist aus psychologischen Untersuchungen bekannt, daß Erinnerungen mit der Zeit nicht nur verblassen, sondern auch Veränderungsprozessen unterliegen. Negative Erfahrungen werden zum Glück weniger lange erinnert als positive. Fast alle Gedächtnisspuren verändern sich im Zuge neuer Erfahrungen, im Zuge von Lernprozessen, die wir im Laufe des Lebens machen. Wie kann es dann möglich sein, daß frühe Erfahrungen sich so hartnäckig behaupten und immer wieder Teil des Erlebens und Verhaltens in unserem erwachsenen Leben werden können? Tiefenpsychologen und Psychotherapeuten haben hierzu unzählige Beobachtungen beschrieben und eine Reihe von theoretischen Vorstellungen über dieses Phänomen entworfen.

Ein sehr anschauliches Modell zur Beschreibung solcher innerer Vorgänge hat Eric Berne entwickelt.[10] Auch er hatte während seiner Tätigkeit als Psychotherapeut beobachtet, daß erwachsene Menschen, die in vielen Situationen über erstaunlich entwickelte Fähigkeiten zur Lösung ihrer Probleme und zu angemessenen Reaktionen auf eine aktuelle Situation verfügen, sich gelegentlich – vor allem, wenn sie unter psychischen Streß geraten – genau so verhalten, genau so fühlen und auch denken, wie sie dies als Kinder getan haben. Er folgerte, daß es neben dem Persönlichkeitssystem Erwachsener, das sich flexibel auf die heutige Realität bezieht, noch einen hiervon getrennten Persönlichkeitsteil geben müsse, dessen gespeicherte Erfahrungen nicht ohne weiteres Veränderungsprozessen durch neue Erfahrungen unterliegen. Dort wird also etwas konserviert und kann jederzeit in der ursprünglich gespeicherten Form wieder abgerufen und somit verhaltenswirksam werden. Er nannte diesen Persönlichkeitsanteil kurz: Kind-Ich-Zustand. Im Kind-Ich-Zustand scheinen vor allem solche Inhalte außerordentlich resistent gegen neue Erfahrungen zu sein, die in frühen kindlichen Lebensphasen gespeichert wurden und sich auf grundlegende Muster der Lebensgestaltung beziehen. Es handelt sich hierbei z. B. um Entscheidungen, die Kinder in früheren Familien, in den Beziehungen zu wichtigen Bezugspersonen getroffen haben und die ihnen eine überlebenswichtige Orientierung über sich, andere und grundlegende Gegebenheiten der Welt sicherten.

Solche früh erworbenen Überzeugungen werden nun nicht nur

durch die aktuelle Konfliktsituation – in unserem Beispiel den Streit zwischen Katrin und ihrem Freund – sondern auch durch die hierdurch aktivierten Erinnerungen an eine ganze Reihe vergangener Erlebnisse aktiviert, gerechtfertigt und damit gefestigt.

Die auf diese Weise im Laufe des Lebens immer wieder bestätigten frühen Überzeugungen bilden das Kernstück zum Verständnis heftiger eifersüchtiger Reaktionen. Um ein anschauliches Bild von diesem Zusammenhang zu bekommen, kehren wir noch einmal zurück zum Gespräch mit Katrin.

Ich bitte sie, sich nochmals intensiv an die Situation kurz nach der Auseinandersetzung mit ihrem Freund zu erinnern und dann den Satz zu vervollständigen: „Was gerade passiert ist, beweist mal wieder, daß ..."

Ihre Antworten lassen sich sinngemäß in den folgenden Überzeugungen zusammenfassen:

was passiert ist, zeigt mal wieder,
– daß ich nicht liebenswert bin,
– daß ich unwichtig bin,
– daß ich als Frau nicht attraktiv bin,
– daß meine Gefühle keinen Platz in unserer Beziehung haben,
– daß ich mich herumstoßen lassen muß,
– daß ich weggeschickt und letztlich verlassen werde,
– daß Männer nur an sich denken,
– daß Männer untreu werden,
– daß Liebe kein Geschenk ist, sondern hart erkämpft werden muß.

Die meisten Menschen kennen sicher diese Art von Überzeugungen, auch wenn sie im Einzelfall anders lauten oder sich auf andere Lebensbereiche beziehen. Es sind nicht nur Vermutungen, sondern Gewißheiten mit dem Gewicht von Glaubensüberzeugungen. Sie sind auch durch einzelne widersprechende Erfahrungen nicht zu erschüttern. Sollte etwas passieren, was die Allgemeingültigkeit dieser Glaubenssätze widerlegen könnte, so kann das nur Zufall sein. Wir alle, die wir solche Überzeugungen haben, argumentieren innerlich dann nach dem Prinzip: Ausnahmen bestätigen die Regel; im Grunde „wissen" wir, wie das Leben ist. Es gab mit Sicherheit bei jedem in früheren Lebensabschnitten auch prägende Momente, wo das Leben aus damaliger Sicht tatsächlich so war – nur: Bezogen auf die heutige Realität, ist dies in der Regel zumindest nicht mehr die ganze Wahrheit.

Gegen die heilsame Wirkung einer solchen Einsicht sind grundlegende Überzeugungen jedoch gut geschützt, da sie eingebunden sind in ein System sich gegenseitig verstärkender und damit stabilisierender Faktoren. Sehen wir uns dieses System anhand des geschilderten Beispiels von Katrin noch einmal an:

Wenn wir annehmen, die grundlegenden Überzeugungen sind durch frühere Erfahrungen und Entscheidungen einmal gebildet, so macht es durchaus Sinn, daß Katrin hieraus Schlußfolgerungen zieht und Konsequenzen für ihr Verhalten in Paarbeziehungen ableitet. Wenn es stimmen würde, daß sie unwichtig ist und abgeschoben wird, so muß sie alles tun, um ihre Präsenz und Bedeutung für ihren Freund ständig zu betonen. Wenn sie weniger attraktiv und liebenswert als andere Frauen wäre, dann müßte es sich bei ihrem Freund schon um ein ganz ausgefallenes Exemplar von Mann handeln, wenn er nicht auf der Suche nach einer anderen wäre; folglich muß er kontrolliert werden. Kontrolle aufgeben hieße, die Schlacht verlieren und – wie Katrin „weiß" – Liebe muß erkämpft werden, und zwar andauernd.

Teils als Reaktion auf diese heftigen Kontrollversuche, teils sicher auch aufgrund eigener Persönlichkeitsstruktur zieht sich Katrins Freund nun mehr und mehr zurück. Sie nimmt das sofort als erstes Anzeichen und damit als Beweis für die Richtigkeit ihrer Annahme, daß sie letztlich verlassen werde. Ihre heftig wütende Reaktion scheint ihr angesichts dieser Aussicht recht angemessen. Die Tatsache, daß sich ihr Freund daraufhin noch mehr verschließt, sieht sie als Bestätigung für eine weitere Grundüberzeugung: Meine Gefühle darf ich in Beziehungen nicht zeigen.

An dieser Stelle gesellen sich dann noch Erinnerungen aus ihrer Zeit als Kind, ihr vergebliches Bemühen um Vaters Zuwendung und die Konkurrenz zur Mutter hinzu. Aktuelle wie frühere Erlebnisse bestätigen also scheinbar, daß ihre grundlegenden Überzeugungen zwar schmerzlich, aber richtig sind. Die Folgerungen für Erleben und Verhalten müssen also aus Katrins Sicht beibehalten werden – vielleicht beim nächsten Mal nur etwas heftiger, geschickter und ausdauernder. Der Kreislauf eifersüchtiger Reaktionen, verstärkender Erinnerungen und grundlegender Überzeugungen ist geschlossen und wird mit eskalierender Heftigkeit fortgesetzt werden, wenn es Katrin nicht gelingt, ihn zu durchbrechen.

Der Schlüssel hierzu liegt letztlich in der Erweiterung der grundlegenden Überzeugungen. Ich gehe dabei davon aus, daß es nicht gelingt, Erinnerungen an frühe Erfahrungen und daraus gezogene Konsequenzen durch irgendein Verfahren zu beseitigen, so wie man etwa ein Tonband löscht. Was dagegen gelingen kann, ist zunächst die Ergänzung alter Erfahrungen durch neue, die dann ein zunehmend wirksameres Gewicht in der Gestaltung zukünftiger Beziehungen und in ihrem Einfluß auf erlebte Gefühle bekommen.

Die Schwierigkeit besteht häufig darin, daß zunächst einmal neue Erfahrungen im heutigen Leben mit heute lebenden Menschen gemacht werden müssen und vor allem: Diese neuen Erfahrungen müssen so wahrgenommen und als bedeutsam bewertet und gespeichert werden, daß sie tatsächlich dauerhaft als neue verstärkende Erinnerungen nun ihrerseits neue Überzeugungen über die eigene Person und über wichtige andere Menschen stützen und festigen.

An dieser Stelle müssen natürlich Bedenken entstehen, nimmt man den oben beschriebenen Prozeß ernst. Wie könnte es denn funktionieren, neue Erfahrungen in ein geschlossenes psychisches System wirkungsvoll zu integrieren, wenn dieses System darauf angelegt ist, immer wieder die alten Überzeugungen zu bestätigen; wenn die einzelnen Schritte des oben beschriebenen Kreislaufs tatsächlich folgerichtig und zwingend aufeinander aufgebaut sind? Genau dies fragen viele Eifersüchtige, die zumindest Teile des oben beschriebenen Prozesses sehr gut aus ihrer eigenen Erfahrung kennen, aber genau diese Zwanghaftigkeit erleben, die sie scheinbar hilflos einem inneren Geschehen ausliefert, das kaum beeinflußbar zu sein scheint. Und in der Tat bedarf es oft der Unterstützung von außen, sei es durch Freunde oder beratende und therapeutische Fachleute, um dieses fast geschlossene System zu öffnen und wirkungsvoll neue positive Erfahrungen mit anderen Menschen zu ermöglichen.

Dabei ist es hilfreich zu wissen, daß die beschriebene Folgerichtigkeit und die Möglichkeit der permanenten Verstärkung alter Überzeugungen nur unter der Voraussetzung funktioniert, daß erhebliche Teile der heutigen Realität verzerrt wahrgenommen, entstellt, umbewertet oder schlichtweg geleugnet werden. Dies gilt sowohl für eigene Eigenschaften und Fähigkeiten als auch für Erlebnisse mit nahestehenden Menschen.

Hiermit nähern wir uns einem inneren Vorgang, der entscheidend beiträgt zur Aufrechterhaltung derjenigen Eifersuchtsreaktionen, die auf der Aktivierung früherer Gefühle und früher entwickelter Überzeugungen beruhen: der internen Abwertung.

Prozesse der Abwertung

Hierunter verstehe ich alle inneren psychischen Prozesse, welche zu einer stark verzerrten Wahrnehmung oder zu einer einseitig überzogenen Bewertung der Realität führen. Realität kann dabei sowohl eine Situation oder ein Ereignis, eine andere Person wie auch die eigene Person bedeuten. Die Verzerrung in der Realitätswahrnehmung kann so weitgehend sein, daß bestimmte Merkmale von Situationen oder Personen gar nicht mehr wahrgenommen werden.

Nun ist es sicherlich so, daß die menschliche Wahrnehmung immer ein subjektiver Prozeß ist, so daß dasjenige, was wahrgenommen wird, nicht nur von den Eigenschaften des wahrgenommenen Objekts oder der wahrgenommenen Person abhängt, sondern in hohem Maße auch durch die Eigenheiten der wahrnehmenden Person beeinflußt ist. Gewöhnlich bilden Menschen jedoch durch Kommunikation untereinander einen Konsens darüber, was denn im Einzelfall wahrzunehmen sei. Zumindest gilt dies innerhalb eines Kulturkreises. Dieser Konsens läßt meist Spielräume für subjektive Abweichungen in der Wahrnehmung, denen jedoch Grenzen gesetzt sind. Wer sie überschreitet, gilt gemeinhin als verrückt, als „nicht ganz bei Sinnen". Nehmen wir zum Beispiel eine Gruppe Wanderer, in der neun Personen anerkennend nicken, wenn einer von ihnen auf eine Birke verweist, die er mitten auf einer Wiese erblickt hat. Eine zehnte Person, welche behauptet, sie könne an dieser Stelle gar keinen Baum wahrnehmen, wird mit dieser subjektiven Wahrnehmungsverzerrung keinen Konsens mit den übrigen Wanderern herstellen können. Vorausgesetzt, sie ist nicht sehbehindert, wird man diese Person für etwas verrückt halten. Versucht sie daraufhin, mitten über die Stelle zu wandern, an der die anderen eine Birke sehen, wird sie sich höchstwahrscheinlich den Kopf stoßen. Klagt unser Wanderer nun über einen unangenehm stechenden Schmerz in der Stirn und behauptet, er könne sich die Ursache dieses Schmerzes gar nicht erklären, wird das für seine Mitwanderer eine Betätigung sein, daß ihre Art wahrzunehmen doch gewisse Vorzüge gegenüber der Wahrnehmung des zehnten Wanderers hat.

Viele eifersüchtige Menschen gleichen in gewisser Hinsicht unserem Wanderer: Sie leiden, weil sie Teile der Realität nicht oder verzerrt wahrnehmen, oder weil sie etwas wahrnehmen, was außer ihnen niemand bemerkt.

Besonders ausgeprägt und häufig finden solche Wahrnehmungsverzerrungen in der Beobachtung und Beurteilung des eigenen Partners statt. Einmal in „Untreueverdacht" geraten, wird er/sie genauestens bewacht und kontrolliert. Kleinste Gesten oder Bemerkungen werden vom eifersüchtigen Partner auf die Goldwaage gelegt; selbst unbedeutende Ereignisse als untrügliche Anzeichen einer geheimen Nebenbeziehung gesehen. So kann beispielsweise schon eine unbekannte Telefonnummer, die der Partner auf einem Zettel achtlos herumliegenläßt, zum Baustein in einer Kette „wahrgenommener" Beweise werden.

Blicke und Gesten werden beobachtet, die sonst nie bewußt bemerkt wurden; der Tonfall der Stimme gewinnt plötzlich einen unglaubwürdigen Unterton; ein abendliches Zuspätkommen um wenige Minuten, welches zu anderen Zeiten nicht bemerkt worden wäre, wird mißtrauisch registriert und wird in der Erinnerung dann schnell zur Tatsachenbehauptung: „In letzter Zeit verspätet er sich ständig, wenn wir etwas zusammen geplant haben".

Es wird natürlich hier bereits klar, daß solche Beobachtungen eigentlich Bewertungen von Ereignissen sind, die der eifersüchtige Partner aus einer mißtrauischen Grundeinstellung heraus vornimmt. In der subjektiven Sicht Betroffener stellt sich diese Trennung von Beobachtung und Bewertung jedoch keinesfalls so eindeutig dar. Sie sind sich meist sicher, daß sie reine Tatsachen gesehen hätten, die jeder andere genau so wahrgenommen hätte, wäre er dabeigewesen.

Parallel zu solchen Verzerrungen in der Bedeutung von Ereignissen und Verhaltensweisen des Partners neigen Eifersüchtige dazu, positive Eigenschaften und Verhaltensweisen, welche Zuneigung und Wertschätzung für sie zum Ausdruck bringen, entweder ganz zu übersehen oder in ihrer positiven Bedeutung für die Beziehung geringzuschätzen.

Oft weigert sich ein Partner – gelegentlich auch beide –, die verzerrte Wahrnehmung noch einmal genau zu überprüfen, sie einer erneuten Realitätskontrolle zu unterziehen. Es scheint dann so, als sei es ihm/ihr wichtiger in seinen/ihren Phantasien und unangenehmen Gefühlen zu verharren.

Meist gibt es für die Verweigerung dieser Realitätsprüfung jedoch eine ganze Reihe Gründe. Zum einen dient diese Wahrnehmungsverzerrung der psychischen Stabilisierung durch die Vermeidung von Angst. Hierauf werde ich im nächsten Abschnitt zu sprechen kommen. Zum anderen dienen solche Verzerrungen der Rechtfertigung von Eifersucht und der sie begleitenden Verhaltensweisen, und diese haben wichtige Funktionen in bestehenden Beziehungen. Hiermit beschäftigt sich Kapitel 6 – „Eifersucht in Paarbeziehungen". An dieser Stelle geht es mir zunächst darum aufzuzeigen, daß solche inneren Prozesse stattfinden. Wichtig scheint mir auch, daß diese Vorgänge sich dem Bewußtsein eifersüchtig Reagierender manchmal vollständig entziehen. Es handelt sich also nicht um bewußte bösartige Attacken gegen den Partner oder die Partnerin, wenngleich dies dem eifersüchtigen Partner vom anderen oft unterstellt wird, was die Konfliktsituation des Paares nochmal verschärft.

Bleiben wir zunächst noch eine Weile bei den verschiedenen Möglichkeiten der Abwertung von Realität durch Wahrnehmungsverzerrungen. Eine weitere Möglichkeit der Abwertung war bisher nämlich noch nicht im Blick: die Abwertung von Fähigkeiten, Eigenschaften und Gefühlen, die Eifersüchtige mit Blick auf die eigene Person vornehmen.

Hierunter fallen zunächst einmal alle nicht der Realität entsprechenden negativen Bewertungen der eigenen Person, alle Verleugnungen von vorhandenen Eigenschaften, die in der Regel von anderen als liebenswert und sympathisch angesehen werden. Der meist vorhandene Glaube vieler Eifersüchtiger, im Grunde nicht liebenswert zu sein, kann so von ihnen trotz vielfältiger positiv bestätigender Bemühungen von Seiten ihrer Partner und Freunde unbeirrt aufrechterhalten werden.

Hierbei nehmen sie die Bemühungen anderer oft deswegen nicht wahr, weil sie ihre eigenen positiven inneren Reaktionen, ihre Gefühle angesichts solcher bestätigender Bemühungen nicht mehr wahrnehmen oder in ihrer Bedeutung geringschätzen. Unangenehme Gefühle nach Kritik oder Verletzung durch andere werden dagegen besonders deutlich und überstark bemerkt und gespeichert.

Wenn es Paaren nicht gelingt, über diesen Vorgang miteinander ins

Gespräch zu kommen oder wenn solche Gespräche regelmäßig in gegenseitigen Vorwürfen enden, die bald jedes Bemühen um Akzeptanz vermissen lassen, wird sich der Partner des Eifersüchtigen tatsächlich über kurz oder lang mehr und mehr zurückziehen. Nach den Gesetzen der Lerntheorie wird jedes Verhalten, also auch die Zuwendung zum Partner, seltener gezeigt, wenn es von anderen vollständig ignoriert wird.

Der/die Eifersüchtige hat sich somit genau die Realität geschaffen, die er/sie am meisten fürchtet oder beklagt: den Rückzug des Partners beziehungsweise der Partnerin.

Hierüber läßt sich dann auch trefflich klagen; z. B. bei Freunden und Bekannten, bei Arbeitskollegen oder bei Psychotherapeuten. Betrachten Außenstehende die so enstandene akute Situation oder beobachten sie das Paar, können sie kaum umhin, den eifersüchtigen Partner in seiner Sicht der Dinge zu bestätigen. Aus einer anfänglich verzerrten Wahrnehmung sind so Tatsachen entstanden, die zumindest die Vermutung nahelegen, daß der Partner/die Partnerin an der Beziehung kein Interesse mehr hat. Die weitere Vermutung, daß er/sie eine Beziehung zu einem/einer anderen habe oder zumindest in naher Zukunft haben werde, ist dann auch nicht mehr ganz abwegig.

Die Wirklichkeit jedoch ist meist noch etwas komplizierter. Um die gravierende Bedeutung von Wahrnehmungsverzerrungen verdeutlichen zu können, habe ich die Betrachtung zunächst bewußt einseitig auf die Verzerrungen, welche beim eifersüchtigen Partner zu beobachten sind, beschränkt. Meist ist es jedoch so, daß auch der andere Partner durch Abwertungen etliches zur Aufrechterhaltung der problematischen Situation beiträgt. Wahrnehmungsverzerrungen und die daraus abgeleiteten Verhaltensweisen beider Partner ergänzen sich oft komplementär in unheilvoller Weise und halten sich so gegenseitig aufrecht. Dieses Phänomen wird uns später im Kapitel 6 – „Die Bedeutung von Eifersucht für Paarbeziehungen" – noch näher beschäftigen.

Bisher könnte der Eindruck entstanden sein, als ob Menschen, die eifersüchtig reagieren, immer auch Prozessen der Wahrnehmungsverzerrung unterliegen, als sei Eifersucht zwangsläufig mit diesem Phänomen verbunden. Dies ist jedoch nicht der Fall.

Wenn beispielsweise eine Frau heftige Gefühle der Eifersucht empfindet in dem Augenblick, in dem ihr Partner erzählt, er habe sich in eine andere Frau verliebt, und er wisse noch nicht, wie ihre gemeinsame Beziehung nun weitergehen solle, wenn diese Frau daraufhin seine Zuneigung ihr gegenüber höchst kritisch betrachtet und zu zweifeln beginnt, wenn sie den Verdacht hegt, daß gemeinsame Aktivitäten mit ihr im Grunde kein Beweis für sein Interesse an ihr seien und wenn sie sein Verhalten ihr gegenüber aufmerksamer beobachtet und selbst kleinste Veränderungen registriert, dann ist dies eher Ausdruck berechtigter Sorge um den Bestand der Beziehung und nicht Folge eines internen Abwertungsprozesses. Der Unterschied liegt in der real gegebenen Gefährdung der Beziehung, in dem real gegebenen Anlaß zur Angst. Jede ihrer Aktivitäten, die geeignet ist, ihre Unsicherheit zu reduzieren, Klarheit über die mögliche Perspektive ihrer Beziehung zu erlangen, kann dann als ein Verhalten gesehen werden, mit dem sie eine akute Gefahr einzuschätzen und damit letztlich zu bewältigen versucht. Auch eine möglicherweise auftauchende Idee, daß ihr Partner sie weniger liebenswert finde als andere Frauen, ist dann nicht mehr bloß reine Fiktion, sondern kann durchaus der Realität entsprechen.

Die selektive Wahrnehmung, d. h. die subjektiv intensivere und genauere Wahrnehmung von Veränderungen seines Verhaltens ihr gegenüber ist ein nützlicher Mechanismus, um Sicherheit in einer akut unsicheren Situation zu schaffen.

Diese Form der Konzentration der Wahrnehmung auf für sie wesentliche Aspekte ihres Lebens dient nicht der Bestätigung von lange vorher gebildeten Glaubenssätzen über sich und andere, auch nicht der Bestätigung von damit verbundenen unguten Gefühlen, sondern ist eine wichtige Voraussetzung zur notwendig gewordenen Klärung einer problematischen Beziehungssituation. Sie ist auch nicht mit der Abwertung eigener Fähigkeiten und Handlungsmöglichkeiten verbunden; ebensowenig wie sie die noch vorhandenen positiven Bemühungen des Partners ignoriert.

Konzentration und Selektion von Wahrnehmung und Bewertung dienen in diesem Fall also der Bewältigung einer vorhandenen, durch veränderte äußere Umstände bedingten Problemsituation, während sie in den vorab geschilderten Beispielen der Bestätigung von inneren Einstellungen dienen, die unabhängig von der akuten Situation als „Lebensprogramm" ohnehin schon lange vorhanden waren.

Es kommt allerdings häufig vor, daß diese beiden unterschiedlichen Vorgänge sich mischen. So ist es nicht selten, daß im Falle einer aktuellen Bedrohung der bestehenden Paarbeziehung durch spontan ausgelöste Eifersuchtsgefühle nicht nur problemlösende innere Prozesse angeregt werden, sondern auch früher erworbene Einstellungen wieder aktiviert werden. Parallel zu problemlösender Wahrnehmungskonzentration können dadurch auch Wahrnehmungsverzerrungen ausgelöst werden, welche diese früher erworbenen Einstellungen bestätigen.

Der psychologische Nutzen verzerrter Realitätswahrnehmung

Die Frage drängt sich auf, was Menschen dazu bringt, sich in der beschriebenen Weise zu verhalten, sich offensichtlich – so scheint es zumindest Außenstehenden – selbstschädigend zu verhalten. Was veranlaßt sie, sich und die Beziehung durch ihre Interpretation der Realität zu belasten und Lösungen für evtl. bestehende Probleme in der Paarbeziehung dadurch zusätzlich zu erschweren?

Man macht es sich zu einfach, wenn man annimmt, hier sei offensichtlich eine heimtückische Geisteskrankheit am Werke, welche Betroffene „verrückt" mache. In der Tat wurde diese Ansicht auch in wissenschaftlichen Veröffentlichungen vertreten.[11] Zwar konnten die vermuteten organischen Ursachen dieser Krankheit bis heute nicht gefunden und belegt werden, doch hält sich die Idee, Eifersucht als Folge hirnorganischer Fehlfunktionen anzusehen, mit einiger Hartnäckigkeit.

Auch die umgangssprachlich getroffene Unterscheidung zwischen „normaler" und „krankhafter" Eifersucht lehnt sich an diese Theorie an. Mit der Etikettierung von menschlichen Verhaltens- und Erlebensweisen als krankhaft scheint man der weiteren Beschäftigung mit diesen Phänomenen enthoben zu sein. Sie fallen dann in einen zu vernachlässigenden Bereich von Randerscheinungen, mit denen sich vielleicht einige Experten rumschlagen mögen, die für „Gesunde" jedoch nicht weiter von Interesse sein müssen.

Ich bin dagegen der Ansicht, daß selbst extreme Wahrnehmungsverzerrungen, wie sie oben am Beispiel einiger eifersüchtig reagierender

Menschen aufgezeigt wurden, keineswegs zu den seltenen „Randerscheinungen" menschlicher Existenz gehören. Betrachtet man das gesamte Spektrum menschlichen Verhaltens und Erlebens und nicht nur den engen Bereich eifersüchtiger Reaktionen, stellt man fest, daß solche Wahrnehmungsverzerrungen in allen Lebensbereichen recht häufig vorkommen. Es handelt sich um ein Phänomen, das sicher fast jeder in unterschiedlich extremem Ausmaß bei sich selber schon beobachtet hat. Meist wird einem selbst erst nach geraumer Zeit und mit einigem Abstand zu den Ereignissen klar, wie ausgiebig und langanhaltend man Aspekte der Realität einschließlich der eigenen Fähigkeiten und Möglichkeiten verzerrt wahrgenommen oder auch vollständig aus der Wahrnehmung ausgeblendet hatte. Ein Vorgang, der so allgegenwärtig anzutreffen ist, verlangt m. E. nach einer Erklärung als Teil des normalen Funktionierens von Menschen. Es müssen Erklärungen gefunden werden, die es nachvollziehbar machen, unter welchen Bedingungen Menschen ganz allgemein zu solchen Reaktionen neigen.

Die tiefenpsychologische Sicht bietet solche Erklärungen an, indem sie annimmt, daß es unbewußte Prozesse gibt, die, ohne daß wir dies in unserem Bewußtsein planen und wollen, mitverantwortlich für die Eigenarten unseres alltäglichen Verhaltens sind. Die Kenntnis solcher unbewußten Vorgänge und der Bedingungen ihrer Entstehung und Aufrechterhaltung kann uns Erklärungen für Verhaltensweisen bieten, die vom Standpunkt bewußter Beurteilung aus zunächst scheinbar unerklärbar oder schlicht verrückt erscheinen. Die tiefenpsychologische Betrachtung vermittelt die Konstruktion eines nachvollziehbaren Sinns in solchen Verhaltensweisen. Sie macht deren psychologischen Wert deutlich.

Offensichtlich scheinen wir solche Sinnkonstruktionen für unser Leben zu benötigen. Die Erfahrung zeigt, daß Menschen oft nicht nur unter einer bestimmten Art ihres eigenen Erlebens oder Verhaltens leiden, sondern v. a. darunter, daß sie in diesem Verhalten – obwohl es sich mit einiger Hartnäckigkeit immer wieder durchsetzt – keinerlei positiven Sinn entdecken können; ein Zustand, der Verzweiflung und Ohnmacht fast zwangsläufig nach sich zieht.

Betrachten wir also einige Möglichkeiten des psychologischen Sinns von Wahrnehmungsverzerrungen bei eifersüchtig reagierenden Menschen:

Zunächst einmal schaffen solche Verzerrungen Sicherheit, indem sie die oft seit der Kindheit gewohnte Sicht der Welt, der eigenen Person und anderer Menschen aufrechterhalten. Neue Erfahrungen, auch wenn sie letztlich positiver Natur sind, machen zunächst einmal unsicher, wenn sie bisher gemachten Erfahrungen widersprechen. Wenn ich lange genug z. B. wegen einer bestimmten persönlichen Eigenschaft von anderen beschimpft oder von ihnen abgelehnt worden bin, werde ich, falls genau diese Eigenschaft von jemandem, der mir wichtig ist, als besonders angenehm angesehen wird, zunächst einmal unsicher werden. Ein gewohntes Muster der Realitätswahrnehmung ist nicht bestätigt worden. Offensichtlich hängen wir in so hohem Ausmaß an der Sicherheit, die uns die Bestätigung gewohnter Muster bietet, daß wir in einem solchen Fall manchmal eher bereit sind, die positive Bestätigung unserer Person umzudeuten, eine positive Beurteilung verzerrt wahrzunehmen oder aber nachträglich abzuwerten, als daß wir uns einer solchen neuen Erfahrung stellen und sie in unser bisheriges Urteilsmuster integrieren. Im Laufe unseres Lebens haben wir gelernt, mit der Realität, so wie wir sie einmal erfahren haben, umzugehen. Wir haben dafür Strategien und innere Einstellungen gebildet.

War diese Realität bedrohlich oder verletzend, haben wir auch dafür – und oft eben gerade dafür – Strategien und Einstellungen.

Die so gewonnene Sicherheit lassen wir uns nur schwer wieder nehmen. Oft wird sie auch durch Einstellungen von Freunden und Bekannten, die wir uns zur Bestätigung unserer Sicht der Welt im Laufe der Zeit gesucht haben, bestätigt und bekräftigt. Das mindert die Chancen, daß neue Erfahrungen unsere Einstellung zu uns und anderen verändern können.

Es kommt auch vor, daß früher gebildete Einstellungen, die als Fundament für heutige Sicherheit im Umgang mit Beziehungen zu anderen Menschen dienen, weder auf bedrohliche noch verletzende Erfahrungen zurückgehen, sondern schlicht auf einen Mangel an Erfahrungen, wie das folgende Beispiel deutlich macht:

Das Ehepaar M., welches sich zu einer Paarberatung angemeldet hatte, fürchtete, daß durch anhaltende heftige Streitereien um Herrn M.'s eifersuchtsbedingte Wutausbrüche ihre Ehe gefährdet sei. Beide wollten die Beziehung jedoch aufrechterhalten.

Herr M., der in seinem Berufsleben gewohnt war, im Mittelpunkt des Geschehens zu stehen, erzählte, er könne die fortgesetzten Versuche seiner Frau, sich mehr um andere Männer als um ihn zu kümmern, nicht mehr ertragen. Sie bestritt diese Versuche und sah in dem von ihm kritisierten Verhalten nichts, weswegen er sich Sorgen um die Beziehung zu machen brauche. Frau M. war ebenfalls beruflich stark engagiert und pflegte viele Kontakte zu Kollegen und Bekannten auf freundschaftlicher Basis. Sie beteuerte, daß sie eine Liebesbeziehung nur zu ihrem Mann wolle, daß sie ihm auch immer wieder in Wort und Tat ihre Liebe zeige und auch bereits einen erheblichen Teil ihrer Terminplanung nach seinen Wünschen und Bedürfnissen ausgerichtet habe. Er bestätigte dies in vollem Umfang, beklagte aber mit Vehemenz, daß sie sich bei zahlreichen gemeinsamen Theaterbesuchen, Festlichkeiten und anderen gesellschaftlichen Ereignissen überwiegend mit anderen Männern unterhalte und dabei nach seiner Wahrnehmung auch mit ihnen flirte, was sie ihrerseits bestätigte. Er erzählte weiter, daß er seine Frau, als er sie kennengelernt habe, gerade wegen ihrer offenen und kontaktfreudigen Eigenschaften attraktiv gefunden, jedoch gleichzeitig gehofft habe, durch die Heirat ein Recht auf einen höheren Teil an exklusiver Aufmerksamkeit erworben zu haben.

Was hier zunächst aussieht wie eine nicht sehr gravierende Differenz hinsichtlich der Vorstellungen über die Gestaltung der Beziehung im Hinblick auf Außenkontakte, hatte bei näherem Hinsehen jedoch für beide Partner erhebliche intrapsychische Bedeutung. Jeder von ihnen sah im Verhalten des anderen einerseits eine hohe Attraktivität, gleichzeitig aber auch eine grundlegende Bedrohung wichtiger Bestandteile der eigenen Identität.

An dieser Stelle möchte ich auf diese Bedrohung zunächst lediglich aus Sicht des Mannes eingehen, da hieran die Bedeutung früherer Erfahrungen und die Funktion von Wahrnehmungsverzerrungen besonders deutlich wird:

Zunächst fällt auf, daß Herr M. nahezu alle positiv zugewandten Reaktionen seiner Frau ihm gegenüber ignoriert. Weder ihre nun seit neun Jahren anhaltende Treue zu ihm noch ihre weitgehenden Kompromisse, sich auf seine Freizeitplanung einzustellen, auch nicht ihre Erklärungen, daß sie keine Liebesbeziehung zu anderen Männern anstrebe und weiter zu der gemeinsamen Beziehung stehe, scheinen für ihn Bedeutung zu haben. Auch die Tatsache, daß er seine Frau außerhalb der erwähnten Situationen als durchaus liebevoll erlebte – und das war immerhin während ca 70 % der gemeinsam verbrachten Zeit –, konnte sein generelles Eifersuchtsgefühl und die Idee, vernachlässigt und abgeschoben zu werden, nicht erschüttern.

Ein kurzer Einblick in einen Aspekt seiner Entwicklung als Kind und Jugendlicher gibt Aufschluß über den familiären Hintergrund, auf dem sich Herrn M.'s Angst, ausgeschlossen und abgeschoben zu werden, entwickeln konnte.

Herr M. wurde als „Nesthäkchen" fünf bzw. sieben Jahre nach seinen zwei ältern Brüdern geboren. Beide Eltern, besonders aber seine Mutter, räumten ihm gegenüber den Brüdern eine Sonderstellung ein, worauf seine Brüder mit kleineren Aggressionen und all den vielfältigen Gemeinheiten reagierten, die sich ältere Geschwister ausdenken, wenn sie fürchten, in der Familie in eine Randposition gedrängt zu werden. Körperlich und intellektuell war Herr M. seinen Brüdern lange Zeit unterlegen gewesen, und so sah er seine einzige Chance darin, sich dem mütterlichen Schutz zu überlassen und mit ihrer tätigen Mithilfe die Rolle des kleinen Prinzen, der von Mutter geschützt und verwöhnt wird, zu spielen. Dies gelang ihm zumindest bis zum Alter von ca. 12 Jahren. Seine beiden Brüder, so erzählte Herr M., seien häufiger bestraft und ausgeschimpft worden. Sie seien vor Bekannten der Familie seltener gelobt worden und hätten im Gegensatz zu ihm auch über lange Jahre wegen schlechter Schulnoten heftige Kritik und Nörgeleien beider Eltern aushalten müssen.

Angesichts dieser Familienszenerie hatte Herr M. bereits als Kind die für ihn gültige Wahrheit über die soziale Realität „erkannt": entweder von allen bewunderter Mittelpunkt sein oder abgeschoben und benachteiligt werden. Sein heimliches Lebensmotto bildete sich in jener Zeit: „Entweder du stehst im Mittelpunkt des sozialen Geschehens oder du bist ein Nichts." Mit Mutters Hilfe entschied er sich für die erste Alternative: bewunderter Mittelpunkt zu sein.

Einige Nachteile, die sich jedoch erst später zeigen sollten, hatte diese Entscheidung allerdings:

Mutter verlangte für ihre Unterstützung seine permanente Aufmerksamkeit, verlangte, daß er weitgehend auf die Entwicklung einer eigenen Identität mit eigenen Wünschen, Bedürfnissen und Zielsetzungen verzichtete. Sie wollte durch ihn als kleinen Charmeur und allseits bewunderten, wohlerzogenen Jungen öffentlich glänzen und ihre ansonsten mühsam kaschierte Depression überspielen. Herr M. war der „Prinz von Mutters Gnaden".

Die Bewältigung der Konkurrenz mit seinen Brüdern, Kämpfe um Aufmerksamkeit, um sein Bedürfnis nach Anerkennung seiner Leistungen, um Vorrechte und Einfluß in der Familie – Auseinandersetzungen, die unter Geschwistern ansonsten alltäglich sind – hatte er nie nötig gehabt. Solche Auseinandersetzungen unter Geschwistern tragen jedoch mit zur Ausbildung der persönlichen Identität, der individuellen Art und Weise, seinen Platz im Leben zu finden und für die Befriedigung seiner Bedürfnisse zu sorgen, bei. Sie wurden ihm durch die mütterliche Protektion abgenommen.

Die Wahl seiner Ehefrau erfolgte unbewußt sicher zu einem großen Teil aus dem Bedürfnis heraus, genau diese ehemals mütterliche Unterstützung im späteren Leben weiterhin zu erhalten.

Sie schien dank ihrer lebhaften und sozial zugewandten Art die Garantie dafür zu sein, bei öffentlichen gesellschaftlichen Anlässen ohne viel eigenes Zutun als „Prinzgemahl" bewundert und von allen beachtet zu werden.

Allerdings: Sie spielte diese Rolle nur unzureichend, kümmerte sich bei solchen Anlässen nicht in der von ihm erwarteten Weise um sein Wohlergehen und besaß – aus seiner Sicht – sogar die Unverschämtheit, anderen Männern zeitweise mehr Aufmersamkeit zu schenken als ihm.

Eine Welt schien für Herrn M. zusammenzubrechen: seine Überlebensstrategie schien bedroht, die Perspektive, nun die andere Seite der Realität – wie er sie sah – kennenzulernen, nämlich ein Nichts zu sein, schien in unvermeidliche Nähe gerückt. Er kämpfte um den Erhalt des für ihn unverzichtbaren Zustandes, den er als Kind und Jugendlicher im Verhältnis zu seiner Mutter erlebt hatte und versuchte, seine Frau zur Übernahme von deren Rolle zu zwingen.

Er sah die Grundlagen der Ehebeziehung gefährdet und übersah dabei alle zweifellos vorhandenen Beweise der Liebe und Sorge um ihn, da sie nicht in das als Kind erfahrene und geschätzte Schema paßten. Möglichkeiten, mit einer solchen Situation unter Wahrung der eigenen Identität umzugehen, hatte Herr M. in seiner bisherigen Entwicklung nicht gelernt, was ihn nun in eine verzweifelte und ohnmächtige Situation brachte. Seinen Eifersuchtsreaktionen lag das Bedürfnis zugrunde, die früher in mütterlicher Obhut genossene Sicherheit, die Gewißheit seiner zentralen Rolle und der damit verbundenen Bewunderung wiederherzustellen.

Bestätigung für dieses Ziel holte er sich in regelmäßigen Abständen durch Klagen im Kreise seiner männlichen Geschäftsfreunde über die Untreue und Unzuverlässigkeit der Frauen, die nächtens in bier- und weinseliger Männerrunde stets Gehör und Zustimmung fanden. Kritik an seiner Haltung ignorierte er. Den Kontakt zu zwei Freunden, die ihn zu einer eigenständig erworbenen sozialen Position und zur positiven Würdigung der ebenfalls eigenständigen sozialen Kontakte seiner Ehefrau ermuntern wollten, hatte er schon vor längerer Zeit abgebrochen.

Neben dem Sicherheitsbedürfnis spielt eine weitere unbewußte Tendenz eine wichtige Rolle bei der Konstruktion verzerrender heutiger Realitätswahrnehmung: die Tendenz nach Wiederholung früherer Erlebnisse und Erfahrungen, um einen neuen, vielleicht besseren Ausgang herbeizuführen. Als Kind negativ und bedrohlich erlebte Beziehungssituationen in der eigenen Familie werden wie in einem Schauspiel mit Personen des heutigen Lebens, in heutigen wichtigen Beziehungen versucht zu reinszenieren mit dem heimlichen Ziel, diese Situationen möchten – quasi als heilender Ausgleich – diesmal einen günstigeren Verlauf nehmen, der frühere Verletzungen ausgleichen soll. Das Problem hierbei besteht darin, daß diese Reinszenierungen anscheinend unbewußt nur dann akzeptiert werden, wenn die früheren verletzenden und bedrohlichen Konstellationen zunächst einmal möglichst ähnlich im heutigen Leben wiederhergestellt werden. Bietet das Verhalten des eigenen Partners oder der Partnerin hierfür nicht genügend Ähnlichkeiten, muß es mittels Wahrnehmungsverzerrung umgedeutet werden. Die zweite Möglichkeit besteht darin, den/die Partner/in durch Vorwürfe, die auf Abwertung und Wahrnehmungsverzerrung beruhen, solange zu provozieren, bis er/sie ein verletzendes oder enttäuschendes Verhalten zeigt, welches dem früher in der Beziehung zu Eltern oder Geschwistern erlebten weitgehend ähnlich ist. Dies alles geschieht – um es nochmal ausdrücklich zu betonen – nicht in boshafter Absicht, sondern als Folge eines zunächst unbewußten Reinszenierungsprozesses.

In einem zweiten Teil der Reinszenierung wird dann der Wunsch heimlich gehegt oder auch gelegentlich offen ausgesprochen, der/die Partner/in möge nun irgendetwas tun, was die entstandene Verletzung oder Verängstigung wiedergutmacht, sie und mit ihr auch die früheren Verletzungen und Ängste wieder aufhebt. So verständlich dieser Wunsch eines kindlichen, d. h. kindliche Erfahrungen und Erlebensweisen speichernden Persönlichkeitsteils auch ist, so schwierig und z. T. auch unmöglich ist es jedoch für den/die Partner, ihn zu erfüllen.

Zur Verdeutlichung sei noch einmal das Verhalten von Katrin erwähnt, das einige Seiten zuvor schon beschrieben wurde. Katrin hatte während der ersten Jahre ihrer Kindheit heftig, aber vergebens um die Aufmerksamkeit und Liebe ihres Vaters gekämpft, hatte ihre Mutter immer als Konkurrentin erlebt und sich ihr unterlegen und aus der Familie ausgeschlossen gefühlt. Als sie vier Jahre alt war, hatte ihr Vater die Familie schließlich verlassen und den Kontakt zu ihr vollständig abgebrochen. Aus den Erlebnissen dieser Zeit hatte Katrin eine grundlegende Schlußfolgerung gezogen: Ich bin nicht liebenswert, ich gehöre nicht dazu.

Verletzt und enttäuscht hatte sie daraufhin von sich aus den Rückzug angetreten und fortan intensive vertiefte Kontakte zu Menschen gar nicht erst aufkommen lassen. Alle ihre Beziehungen zu Männern verliefen nach kurzen Phasen der Verliebtheit eher distanziert und wurden nach wenigen Monaten von ihr beendet. Auch die Beziehung zu ihrem derzeitigen Freund drohte zum Zeitpunkt, als ich sie kennenlernte, aufgrund ihrer oft ohne erkennbaren Anlaß gezeigten Ärgerattacken, ihrer ständigen Nörgeleien und ihrer für ihn meist völlig überraschenden Rückzugstendenzen zu zerbrechen. Seine Wünsche und Interessen ignorierte Katrin weitgehend; ebenso wie sie seine anhaltenden Bemühungen um sie abwertete bzw. vollständig ignorierte.

Sie unterstellte ihm wie allen anderen Männern, die sie zuvor gekannt hatte, daß er sie verlassen werde, da sie – getreu ihrer als Kind getroffenen Entscheidung – ohnehin nicht liebenswert sei und folglich aus engen Beziehungen über kurz oder lang ausgeschlossen werde.

Um die innere Qual dieser vermeindlichen Perspektive nicht allzulange ertragen zu müssen, hatte sie beschlossen, daß dieser Ausschluß dann eher bald als später stattfinden sollte, und sie tat viel dafür, daß diese Idee Realität wurde.

Obwohl Katrin andererseits sehnlichst eine feste Partnerschaft wünschte, obwohl sie sehr hoffte, daß eine Liebesbeziehung endlich einmal anders verlaufen möge, als sie es bisher erlebt hatte, obwohl sie begehrt, geliebt werden und sich zugehörig fühlen wollte, trug sie durch ihr Verhalten dazu bei, daß genau das Gegenteil eintrat: Ihr Freund distanzierte sich mehr und mehr von ihr und begann, sein Leben ohne sie zu planen und zu gestalten.

Ihr kindlicher Wunsch, er möge trotz und gerade wegen ihrer Garstigkeiten zu ihr halten, drohte einmal wieder enttäuscht zu werden.

Mit Katrins Abwertung ihres Freundes und mit der Abwertung ihrer heutigen Fähigkeiten schaffte sie sich eine Situation, in deren Verlauf sie sehr ähnliche Erlebnisse machen konnte, wie sie sie wahrscheinlich als Kind tatsächlich erlebt hat. Sie erschwerte damit gleichzeitig jedoch alle Versuche, dieser Situation eine positive Wende zu geben sowie alle Möglichkeiten, die tatsächlich in der heutigen Beziehung vorhandenen Probleme zu lösen und damit mehr an Nähe und gegenseitiger Wertschätzung aufzubauen.

Das Mittel der unbewußten Reinszenierung früherer Szenen aus der eigenen Ursprungsfamilie mit den Personen des heutigen Alltagslebens ist also nicht tauglich, alte Verletzungen zu heilen und früher gebildete Grundeinstellungen über sich und andere zu korrigieren. Diese frühen Erfahrungen und Entscheidungen bedürfen einer Korrektur, einer wirkungsvollen Erfahrung, daß es tatsächlich auch anders, nämlich besser laufen kann als früher erlebt. Hierin liegt ein wesentlicher Schlüssel, um die persönliche Entwicklung von Menschen, die sich in quälenden Eifersuchtsgefühlen gefangen sehen und nach neuen Möglichkeiten der Beziehungsgestaltung suchen, voranzubringen.

Dazu ist es nötig, einen Einblick in wichtige Schlüsselerfahrungen zu gewinnen, die im Laufe der kindlichen Entwicklung für die Entstehung späterer heftiger und einschränkender Eifersuchtsreaktionen eine Rolle spielen. Hiervon handelt das nächste Kapitel.

4 Eifersucht und kindliche Entwicklung

Vorbemerkung

Wenn man darangeht, die kindliche Entwicklung unter dem Aspekt zu beleuchten, inwieweit sie zu einschränkenden und als unangenehm erlebten Verhaltensweisen und Gefühlsreaktionen im Erwachsenenleben beigetragen haben könnte, gerät man in die Gefahr, ein negatives Zerrbild kindlicher Entwicklungen, ein düsteres Szenario über all das, was „schieflaufen" kann, zu entwerfen. Die positiven Momente, die lebensfrohen, entwicklungsfördernden Situationen geraten aus dem Blick. Die Eltern werden zu Monstern, die in unzulänglicher und niederträchtiger Weise nichts anderes im Sinn gehabt haben, als die Entwicklung ihrer Kinder zu behindern.

Es mag sein, daß dieser Eindruck auch an der ein oder anderen Stelle im nachfolgenden Kapitel entsteht. Ich bin mir darüber bewußt, daß ich im folgenden nur einen kleinen, auf die Entwicklung skriptgebundener Eifersucht reduzierten Ausschnitt aus einem umfassenderen Entwicklungsprozeß herausgreife und daß dadurch die pathologischen Entwicklungsmomente überbetont sind. Das ist beabsichtigt. Ich glaube, es hilft nichts, die Augen davor zu verschließen, daß es sie gibt. Keinesfalls soll jedoch der Eindruck entstehen, das sei nun alles, was zwischen Eltern und Kindern im Verlauf eines langen, gemeinsamen Wachstumsprozesses passiert. Außerdem lassen sich die beschriebenen einschränkenden Entwicklungsbedingungen immer auch andersherum betrachten: als wichtige Hinweise darauf, was in positiver Weise zu tun ist, um die Entwicklung einer Identität, die Autonomie und Bindungsfähigkeit einschließt, zu fördern.

Will man untersuchen, wie sich im Verlauf unserer Entwicklung als Kind und Jugendliche/r Persönlichkeitsstrukturen und grundlegende Lebenseinstellungen gebildet haben, welche die Gestaltung von Paarbeziehungen und das Erleben von Eifersucht im späteren Leben entscheidend beeinflussen, ist es nützlich, sich dabei an einer Entwicklungstheorie, einem Modell zu orientieren, das wichtige Momente kindlicher Entwicklung zusammenfassend beschreibt.

In den letzten Jahrzehnten sind eine Vielzahl solcher Modelle von Psychologen, Soziologen, Anthropologen und Psychotherapeuten entwickelt worden. Für die Untersuchung der psychologischen Hintergründe eifersüchtiger Reaktionen haben für mich diejenigen Modelle einen besonders hohen Erklärungswert, die das Konzept der Entwicklung von Ich-Identität in den Mittelpunkt der Aufmerksamkeit stellen.[12]

Ich-Identität meint die für jeden Menschen einzigartige Weise, in der er/sie ein subjektives Bild von der eigenen Person entwirft. Eingeschlossen sind dabei gleichzeitig ein subjektives Bild seiner Beziehungen zu anderen Menschen, deren Bedürfnissen und Anforderungen sowie eine Reihe von subjektiven Urteilen darüber, welche Bedeutung wichtige Erfahrungen in der äußeren Realität für die eigene Person haben.

Ich-Identität meint jenes über unterschiedliche Situationen und Wechselfälle des Alltagslebens hinweg konstante innere Bild der eigenen Person, das Antworten auf folgende Fragen liefert: Wer und wie bin ich? Wie erlebe ich mich in Beziehungen zu anderen Menschen? Wie unterscheide ich mich von anderen?

Ein solches stabiles Bild und ein stabiles Gefühl zur eigenen Person ist nun nicht von Geburt an vorhanden, sondern entwickelt und festigt sich erst im Laufe des Lebens. Wenngleich Veränderungen und Weiterentwicklungen lebenslänglich möglich, ja sogar notwendig sind, scheinen für die Entwicklung grundlegender Bestandteile der Identität die Weichen bereits in den ersten Lebensjahren gestellt zu werden.

Der hierbei zu beobachtende Entwicklungsprozeß läßt sich durch wenige zusammenfassende Prinzipien gliedern:

1. Kindliche Entwicklung kann beschrieben werden als ein Stufenprozeß, d. h., es lassen sich verschiedene Phasen der Entwicklung voneinander abgrenzen, in denen jeweils unterschiedliche, für die Identitätsbildung relevante Aspekte im Vordergrund stehen. Entsprechend unterschiedliche Entwicklungsaufgaben sind von Kindern bzw. Jugendlichen zu bewältigen. In vorangegangen Phasen erworbene und gefestigte Möglichkeiten sind dabei Voraussetzung für die

erfolgreiche Bewältigung nachfolgender Phasen. Der Entwicklungsprozeß kann also nicht in beliebiger Reihenfolge ablaufen. Defizite, nicht bewältigte Situationen, emotional nicht verarbeitete Konflikte in einer Phase erschweren oder verhindern im ungünstigsten Fall die erfolgreiche Bewältigung der Entwicklungsaufgaben in den nächstfolgenden Phasen. Ein die weitere Entwicklung einschränkendes inneres Bild der eigenen Person, verbunden mit einschränkenden Gedanken und belastenden oder bedrohlichen Gefühlen, kann so entstehen.

2. Die unendliche Vielzahl von Einzelaspekten und Einzelschritten, die jeder von uns im Laufe seiner Identitätsentwicklung vollzogen hat, läßt sich abstrahierend beschreiben durch zwei übergeordnete Prozesse, die sich durch alle Entwicklungsphasen hindurchziehen. Beide Prozesse müssen zu einem erfolgreichen Abschluß gekommen sein, damit eine stabile erwachsene Identität entstehen kann: der Prozeß der „Differenzierung" und der Prozeß der „Integration".

„Differenzierung" meint die Fähigkeit, sich als eigenständiges, von der Mutter vollständig getrenntes Wesen mit eigenen Gefühlen, Gedanken und Bedürfnissen zu erleben. Kinder entwickeln diese Fähigkeit erst im Laufe eines mehrjährigen Lernprozesses vollständig. Kurz nach der Geburt erlebt sich das Kind noch weitgehend als symbiotische Einheit mit der Person, die es körperlich und emotional ernährt und umsorgt. In der Regel ist dies die Mutter.

„Integration bezeichnet einen ebenfalls über Jahre andauernden Lernprozeß, durch den Kinder die Fähigkeit erwerben, höchst widersprüchlich erlebte Aspekte der eigenen Person, z. B angenehm bzw. unangenehm erlebte Zustände zu einem integrierten Gesamtbild einer Person zusammenfügen zu können. Sie sind erst nach Abschluß dieses Lernprozesses in der Lage, sich, unabhängig von der momentanen Befindlichkeit und Gefühlslage, unabhängig von der momentanen Befriedigung oder Nicht-Befriedigung eigener Bedürfnisse, als im Grunde eine und eine immer gleiche Person zu empfinden.

Zu den Endpunkten dieses Differenzierungs- und Integrationsprozesses gehört auch, daß wichtige andere Personen als vollständig eigene

Menschen, als prinzipiell von den eigenen Bedürfnissen, Gefühlen und Gedanken unabhängige Wesen wahrgenommen werden. Ebenso gehört hierzu auch das sichere Wissen, daß die andere Person tatsächlich immer ein und die gleiche Person bleibt, unabhängig davon, ob sie in manchen Situationen als für die Befriedigung eigener Wünsche angenehm oder unangenehm erlebt wird und unabhängig davon, welche unterschiedlichen Gefühle und Gedanken sie in verschiedenen Situationen nun gerade äußert.

Die Fähigkeit, sich selbst und andere in der beschriebenen Weise wahrzunehmen, lernen Kinder in ständiger Kommunikation und Auseinandersetzung mit ihren Eltern und mit wichtigen anderen Erwachsenen und Gleichaltrigen. Am Ende dieses Lernprozesses können sie eine stabile persönliche Identität erleben.

Identitätsentwicklung

Eine der zentralen Thesen dieses Buches ist die, daß die Identitätsentwicklung in den ersten Lebensjahren die Gestaltung von Beziehungen – speziell von Liebesbeziehungen – und das Erleben von Eifersucht im Erwachsenenleben entscheidend beeinflußt. Die weiter oben als „pathologisch" beschriebenen Eifersuchtsphänomene werden verstehbar, wenn man sie betrachtet als eine Wiederholung kindlicher Erfahrungen, kindlichen Empfindens und Denkens, obwohl die Person äußerlich bereits erwachsen ist und sich zumeist auch so verhält und so erlebt.

Dieses Wiedererleben kindlichen Empfindens ist ein Hinweis darauf, daß elementare Beziehungssituationen in der Herkunftsfamilie als bedrohlich, verwirrend oder extrem unbefriedigend erlebt wurden, und daß dadurch wesentliche Voraussetzungen für eine stabile Identität und für die Beziehungsgestaltung in späteren Lebensabschnitten nur unzureichend entwickelt werden konnten.

Zwei Entwicklungsphasen werden – v. a. aus psychoanalytischer Sicht – als bedeutsam für die Entstehung pathologischer Eifersucht angesehen:

Die erste Phase umfaßt das Lebensalter von 0 bis 1,5 Jahren. Hier prägen Aufbau, Verlauf und erste Ablösung aus der dyadischen Beziehung zur Mutter das Beziehungserleben des Kindes.

In der zweiten Phase, etwa zwischen dem dritten und siebten Lebensjahr, gewinnt zum ersten Mal die Triade Vater-Mutter-Kind als Beziehungsform für das Kind an Bedeutung.

Erste Symbiose

Die ersten Lebensmonate erlebt das Kind, falls die Entwicklung ungestört verläuft, in enger symbiotischer Beziehung zur Mutter. Kindliches Erleben in dieser Phase ist ganzheitlich, undifferenziert, d. h. die Welt wird als vollständig in Ordnung erlebt, wenn die Bedürfnisse, genährt, versorgt, gewärmt und gehalten zu werden erfüllt sind. Wird eines dieser Bedürfnisse nicht oder nicht sofort und vollständig erfüllt, erlebt das Kind die Welt als vollständig schlecht.

Seine Reaktionen hierauf sind ganzheitlich, erfassen den gesamten Körper und das gesamte psychische Erleben. Gefühle und Ausdrucksmöglichkeiten sind noch wenig differenziert. Ein konstantes Erleben eigener Identität fehlt; die Differenzierung zwischen sich als eigener Person und Mutter als eigener Person ist nur unvollständig möglich. In Phasen unangenehmen Erlebens scheinen vorherige angenehme, befriedigende Momente vollständig vergessen zu sein und umgekehrt. Die Integration dieser verschiedenen Lebensmomente zu einem ausgewogenen Gesamtbild der eigenen Person und der Person der Mutter kann noch nicht vollzogen werden. Ebenso können Kinder in diesem Alter noch keine Vorstellung von einem Zeitkontinuum entwickeln, auf dem sich angenehme und unangenehme Ereignisse nacheinander abwechseln können.

In dieser frühen Lebensphase treffen Kinder erste Entscheidungen über sich und die Welt.

Diese Entscheidungen sind sicherlich keine bewußten. Sie sind nicht mit erwachsenen Entscheidungen zu vergleichen, die im Idealfall auf rationaler Abwägung und differenzierter Wahrnehmung beruhen. Es sind ganzheitliche, auf körperbezogene Erfahrungen beruhende innere Haltungen, die jedoch durch ihren Mangel an Rationalität und Ausgewogenheit nicht weniger prägend wirken – ganz im Gegenteil: da sie existentiell bedeutsam sind, d. h. das eigene Überleben in einer Zeit starker Hilflosigkeit und Verwundbarkeit betreffen, werden sie zu Grundbausteinen aller späteren Variationen und Weiterentwicklungen.

Auf der Grundlage derjenigen Erfahrungen, die Kinder in den ersten Lebensmonaten machen, versuchen sie in einem ersten Anlauf einige für ihre spätere Identität entscheidende Fragen zu beantworten:

– Bin ich auf dieser Welt akzeptiert? Wird meine Existenz mit Wohlwollen aufgenommen oder sollte ich besser über kurz oder lang wieder verschwinden?
– Fühle ich mich überwiegend angenehm oder unangenehm? Ist die Welt ein Platz für mich, auf dem meine Bedürfnisse befriedigt werden?
– Bin ich bedeutsam, d. h., kann ich irgendetwas bewirken, wenn ich zum Ausdruck bringe, daß ich mich schlecht oder gut fühle – oder sollte ich es besser sein lassen, mich bemerkbar zu machen?
– Welche Bedeutung hat es, wenn Mutter nicht da ist? Ist meine Existenz dann bedroht? Kann ich irgendetwas tun, um ihre Anwesenheit zu bewirken?
(Diese Frage können sich Kinder allerdings erst gegen Ende der ersten Entwicklungsphase stellen, da sie anfangs sich und die Mutter noch gar nicht als getrennte Wesen erleben.)

Antworten auf diese Fragen werden während des intensiven Austauschs mit der Mutter gefunden. Sie werden nicht in verbaler oder logischer Form gespeichert, sondern als ganzheitliche, undifferenzierte Gefühle psychischer und körperlicher Befindlichkeit.

Gelingt es dem Kind nicht, befriedigende und lebensbejahende Antworten auf diese Fragen zu finden, sucht es nach „Lösungen", nach Möglichkeiten, sich an diese unbefriedigende Situation anzupassen, sich optimal darauf einzustellen, um das eigene Überleben zu sichern.

Teil dieser Lösungen sind erste vorlogische Konzepte über die eigene Person und über die Bedeutung sozialer Beziehungen, die fortan als Orientierungshilfen dienen und oft auch dann ihre subjektive Gültigkeit behalten, wenn die objektiven Beziehungssituationen in späteren Jahren längst ganz andere sind.

Welche Entscheidungen sind es nun, die Kinder in diesem Lebensabschnitt treffen, wenn ihre Erfahrungen unbefriedigend verlaufen?

Eine erste Entscheidung kann sein, sich selbst als unbedeutend, unwichtig zu sehen. „Wenn niemand sich darum kümmert, daß es mir gut geht, bin ich offensichtlich nicht wichtig."

Eine weitere Entscheidung kann darin bestehen, die eigene Existenz als prinzipiell gefährdet zu sehen, und zwar vor allem dann, wenn erste Trennungserfahrungen von der Mutter nicht verarbeitet werden konnten, wenn der Prozeß der Differenzierung also mißlingt. So ist es erstens unumgänglich und zweitens völlig normal und für die Autonomieentwicklung und -wahrung von Mutter und Kind sogar gut, wenn Mütter sich auch anderen Aufgaben als der permanenten Anwesenheit und ununterbrochenen Fürsorge widmen. Kinder entwickeln dann allmählich als Ersatz für ihre lebendige Anwesenheit ein stabiles inneres Bild der Mutter, quasi eine innere fürsorgliche Instanz, die wirksam ist, auch wenn die Mutter nicht körperlich anwesend ist. Gelingt die Entwicklung dieses inneren Bildes jedoch nicht, wird jede Trennung, jede momentane Nicht-Befriedigung von Bedürfnissen wie Hunger, Durst, Wärme, Körperkontakt oder anregende Stimulation als Bedrohung der eigenen Existenz betrachtet.

Eine etwas andere Schlußfolgerung ziehen Kinder dann, wenn sie zwar ihre Existenz als nicht gefährdet sehen, aber bemerken, daß auf ihre zahlreichen Versuche, auf ihre momentane emotionale Lage aufmerksam zu machen, keine adäquate Reaktion erfolgt. Ihre innere Situation wird nicht sensibel bemerkt und gespiegelt. Eine Möglichkeit, hierauf zu reagieren, besteht für das Kind in der Schlußfolgerung: „Meine Lebensäußerungen werden in Beziehungen nicht bemerkt; zumindest bewirken sie nichts Angenehmes."

Eine Variante hierzu ist die Schlußfolgerung: „Da die Mutter immer dann, wenn ich mich bemerkbar mache, gereizt und ärgerlich reagiert, um sich dann erst recht von mir abzuwenden, wird es wohl das beste sein, ich mache mich in Beziehungen zu Menschen in Zukunft gar nicht mehr bemerkbar und finde mich mit dem ab, was sie mir von Zeit zu Zeit von sich aus an Zuwendung zukommen lassen."

Aus dieser Schlußfogerung ergibt sich oft eine weitere: „Meine Gefühle sind in Beziehungen unwichtig, sie werden nicht geteilt, nicht angenommen, sind gelegentlich sogar gefährlich."

Weitere grundlegende Schlußfolgerungen sind Urteile über den Wert der eigenen Person:

„Wenn ich mich in Beziehung zu der Mutter unwohl fühle, wenn ihre Zuwendung ausbleibt, dann muß irgendetwas mit mir nicht stimmen. Ich weiß zwar nicht, was es ist, aber ich werde es herausfinden und nach Möglichkeit so werden, wie sie mich haben will. Auf diesem unbestimmten Gefühl, grundlegend unzulänglich zu sein wegen etwas, was die eigene Person ausmacht, was jedoch nicht genau bestimmbar ist, beruht der verletzende und erniedrigende Anteil von Scham.

Diese und noch einige ander Schlußfolgerungen bilden die Grundbausteine eines Lebensplans, des Lebensskripts, welches Einstellungen zur eigenen Person und Verhaltensstrategien auch in späteren Beziehungen im Erwachsenenleben stark beeinflußt.

Was passiert aber nun, wenn nicht nur einige der oben beschriebenen Lebensschlußfolgerungen gezogen wurden, sondern darüberhinaus der Differenzierungsprozeß, die Formung des Bewußtseins, eine eigene, von der Mutter getrennte Person zu sein, überhaupt nicht abschließend vollzogen wird? Welche Folgen hat es, wenn das Kind keine stabile innere Persönlichkeitsstruktur bildet, die Elterlich-Nährendes speichert und es somit bei Nicht-Verfügbarkeit der Mutter auch keine gespeicherten positiven Erfahrungen abrufen und zur Stabilisierung des Selbstbildes einsetzen kann?

Kinder mit diesem Persönlichkeits-Strukturdefizit versuchen, in übersteigertem Ausmaß die ständige Verfügbarkeit der Mutter und später auch wichtiger anderer Bezugspersonen zu erzwingen. Besitz und Kontrolle werden zu Hauptanliegen. Die Empfindung von Liebe als innerer Bezogenheit zweier voneinander getrennter Menschen ist ihnen nicht möglich.

Das Gefühl einer sicheren Existenz und das Gefühl für den eigenen Wert wird nicht als in der eigenen Person begründet erlebt, sondern ausschließlich in der Beziehung zum anderen.

Die unbändige Gier, die Mutter und später auch andere Menschen vollständig, ununterbrochen und exklusiv zu besitzen – eine Gier, die nie genug bekommt und gespeist wird durch die Angst zu sterben, wenn diese Verfügbarkeit unterbrochen wird – kann sich dann bis zum intensiven Wunsch nach Vernichtung der/des anderen als äußerstem Mittel der totalen Kontrolle steigern.

Wer kleine Kinder kennt, wird sicher schon häufig erlebt haben, mit welcher Energie und emotionalen Kraft sie ihre Eltern zwingen wollen, bei ihnen zu bleiben, wenn diese beschlossen haben, mal einige Stunden alleine wegzugehen, während sie ihr Kind der Obhut der Großeltern oder guter Freunde überlassen.

Die Spannbreite kindlichen Gefühlsausdrucks reicht dann von intensiver, anklammernder Suche nach inniger Nähe, von glühenden Küssen und Zärtlichkeiten bis hin zu bitteren Tränen der Verzweiflung, vehementen Forderungen, sie sollen dableiben und wütend-schreienden Schlägen und Tritten gegen die Eltern. Gelegentlich bekommt man dabei schon den Eindruck, sie würden ihre Mutter oder ihren Vater in solchen Momenten lieber vernichten, als sie oder ihn gehen zu lassen.

Menschen, die im Laufe ihrer Entwicklung kein stabiles inneres Bild ihrer primären Bezugspersonen aufbauen und kein überdauerndes Vertrauen in den Bestand jener ersten Beziehungen entwickeln konnten, werden, wenn sie erwachsen sind, in ihrem Inneren auch gegenüber ihren Partnern in späteren Liebesbeziehungen immer wieder diese kindlichen Gefühle und Verhaltensimpulse verspüren, sobald die permanente Verfügbarkeit des Partners oder der Partnerin gefährdet scheint. Hierin liegt die Ursache für viele, manchmal zunächst unverständlich erscheinenden, Eifersuchtsreaktionen.

Ein weiterer Konflikt dieser ersten Entwicklungsphase, der einschränkende Folgen für die Identitätsentwicklung haben kann, besteht in nicht befriedigend gelöstem Umgang des Kindes mit den widersprüchlichen Antrieben des Neides. Die Psychoanalytikerin Melanie Klein bezeichnete mit Neid jene zwiespältige Tendenz, einerseits die Mutter in positiver Weise zu lieben, sie möglichst voll und ganz für sich in Anspruch nehmen zu wollen und andererseits die aufkommende Wut auf Mutters Macht: der Macht, zu lieben oder eben auch nicht. Dieser Konflikt ist begleitet von Angst- und Schuldgefühlen aufgrund aggressiver Impulse gegenüber der geliebten Person.[13]

Der Wunsch nach Symbiose und der wutgespeiste Wunsch nach Zerstörung können sich dann noch mischen mit dem oben beschriebenen Bedürfnis nach Ablösung. Gefühle wie Lust auf eigene Wege und Angst vor Getrenntsein sowie Angst vor unbekannten Situationen kommen damit hinzu. Dieses Zusammentreffen widerstreitender Gefühle läßt für Kinder – speziell wenn sie noch nicht über stabile Grundlagen einer eigenen Identität und ein gespeichertes positiv-nährendes Bild der primären Bezugsperson verfügen – eine hochkomplizierte innere Situation entstehen.

Sie benötigen im Idealfall von beiden Eltern in dieser Situation einen sicheren, emotional stabilisierenden Rahmen und gleichzeitig Ermutigung und Bestätigung für erste Versuche, selbständig die Welt zu erobern und neugierig zu sein. Das Gefühl, nicht verlassen zu werden, auch wenn die Mutter zeitweise nicht verfügbar ist; nicht bedroht zu sein, wenn Bedürfnisse nicht sofort und vollständig erfüllt werden können; ständige Spiegelung des eigenen So-seins, der eigenen, sich entwickelnden Fähigkeiten; die Sicherheit, willkommen zu sein und getröstet zu werden, wenn einer der vielen kleinen Ausflüge in die Welt mit Mißerfolg und Versagen endete; die Erfahrung, daß Eltern die zeitweilige Wut des Kindes auf ihre Macht verstehen können und sich nicht verärgert oder beleidigt abwenden – all das sind positive Beziehungserfahrungen, die Kindern helfen, diese Phase der Identitätsentwicklung zu bewältigen – Erfahrungen, die allerdings leider nicht alle Kinder in ausreichendem Maße machen.

Ein drastisches Beispiel für das Verhalten von Eltern, welches Kindern nicht die beschriebenen positiven Erfahrungen ermöglicht, konnte ich in einem Kindergarten beobachten, in dem ich beratend tätig war. Die Mutter der dreijährigen Anna hatte mich aufgesucht, da sie sich Sorgen wegen einiger aggressiver Verhaltensauffälligkeiten ihrer Tochter machte, welche von den Erzieherinnen des Kindergartens beobachtet worden waren. Zum ersten Beratungsgespräch hatte sie Anna gleich mitgebracht, was mir Gelegenheit gab, erste Eindrücke über die Interaktion zwischen Mutter und Tochter zu gewinnen. Folgende Situation erinnere ich dabei sehr nachdrücklich:

Die Mutter hatte Anna gerade auf den Schoß genommen und erklärte mir, wie anhänglich und brav ihre Tochter zu Hause sei. Lediglich im Kindergarten zeige sie jenes aggressive Verhalten gegenüber den Erzieherinnen. Unterdessen hatte Anna in einer Ecke meines Zimmers einige Spielsachen entdeckt, die sie offensichtlich faszinierten und die sie gerne näher untersucht hätte. Sie versuchte, sich aus Mutters Haltegriff zu befreien, quängelte und machte sehr deutlich, daß sie in die Spielecke wollte. Ihre Mutter jedoch gab nicht nach: weder in ihrem Bemühen, Anna festzuhalten, noch in ihrem Bemühen, mir zu versichern, daß ihre Tochter vor dem Besuch des Kindergartens niemals aggressiv gegenüber Erwachsenen gewesen sei. Anna wurde nun zusehends unruhig, riß ihre Mutter plötzlich an den Haaren und biß ihr in den Hals. Ihre Mutter ließ sie daraufhin sofort los und stieß sie von sich. Einen Augenblick lang stand Anna neben ihr – unsicher, ob sie einen erneuten Annäherungsversuch unternehmen oder doch in die verlockende Spielecke laufen sollte. Sie entschied sich für die Spielecke und begann, die dort befindlichen Gegenstände zu erkunden. Kurze Zeit später klemmte sie sich jedoch einen Finger sehr unglücklich in einem Klappstuhl ein und lief weinend zur Mutter zurück. Die stieß sie zurück und wehrte Annas Bemühungen, wieder auf ihren Schoß zu kommen, mit der Bemerkung ab: „Jetzt brauchst du auch nicht mehr zu kommen ..." Anna setzte sich auf den Boden und starrte regungslos gegen eine Wand. Sie war mehrere Minuten lang nicht mehr ansprechbar.

Obwohl ich genau wußte, daß ein aggressiv-ermahnender Angriff gegen die Mutter in dieser Situation sehr wenig dazu beigetragen hätte, einen Weg zu Veränderung der Interaktion zwischen ihr und ihrer Tochter zu finden, war mir schon sehr danach zumute. Ich stellte mir vor, daß diese Szene sich in ähnlicher Form wahrscheinlich schon recht häufig abgespielt hatte und stellte mir weiter vor, welche negativen Folgen dies für die Entwicklung von Annas Vertrauen in ihre eigenen Fähigkeiten und für ihr Vertrauen in Beziehungen zu geliebten Menschen haben würde.

Betrachtet man die bisher in diesem Kapitel beschriebene kindliche Situation zusammenfassend, so fällt die hohe Übereinstimmung mit dem inneren Erleben vieler erwachsener Eifersüchtiger auf.

Eine reale oder in der Phantasie konstruierte Bedrohung einer Liebesbeziehung scheint kindliches Erleben in der Beziehung zur Mutter und zu wichtigen Bezugspersonen zu reaktivieren. Die damals erlebten Ängste und Konflikte und die damals getroffenen Entscheidungen bezüglich der eigenen Person und bezüglich Beziehungen bestimmen plötzlich das Erleben von äußerlich bereits erwachsenen Menschen:

– der Wunsch nach ständiger, exklusiver Verfügbarkeit des Partners; das Streben nach Besitz und Kontrolle über ihn;
– Die extreme persönliche Unsicherheit, das existentiell bedrohli-

che Gefühl, ins Nichts zu versinken, wenn der Partner/die Partnerin anderen Menschen seine/ihre Aufmerksamkeit schenkt oder eigene Interessen unabhängig von der Person des/der Eifersüchtigen verfolgt;
- Die Idee, daß eigene Gefühle und Gedanken in der Beziehung unwichtig sind oder den Bestand der Beziehung bedrohen;
- Ärger und Wut auf den Partner/die Partnerin wegen seiner/ihrer Macht, zu lieben oder auch nicht; aggressive Phantasien über Schädigungen, welche der/die Eifersüchtige dem/der Partner/in zufügt;
- Der erlebte Konflikt, sich durch die Beziehung eingeengt, an eigenem, autonomen Leben gehindert zu sehen und andererseits der Wunsch nach einer symbiotischen Beziehung, verbunden mit der Angst, durch eigene Bedürfnisse und Aktivitäten die Symbiose zu gefährden.

Dies sind erlebte innere Zustände, die in den Bereich des skriptgebundenen, auf frühen Beziehungserfahrungen und frühen Entscheidungen beruhenden Eifersuchtserlebens gehören.

Je nachdem, welche sonstigen grundlegenden Entscheidungen das Lebensskript, der unbewußte persönliche Lebensplan enthält, ergreifen Eifersüchtige in solchen Momenten der Altersregression[14] unterschiedliche Strategien, um mit den erlebten Gefühlen umzugehen: Sie reichen von gesteigerter Selbstabwertung, ängstlicher Zurückhaltung, verbunden mit Schuldgefühlen aufgrund vorher erlebter aggressiver Regungen, über Verzicht auf sexuelle Wünsche, Verzicht auf Konfrontation bei tatsächlich festgestellter Untreue bis hin zu aggressiven Ausbrüchen gegen den Partner/die Partnerin.
Statt die durch Angst und Wut beschädigte Liebe neu aufzubauen, kommt es zum Kampf um Macht. Dann geht es um die Frage: Wer übt Kontrolle aus – gegen den Willen des anderen –; wer kann den anderen zum Lieben zwingen?
Auch Selbstaufwertungsversuche über verstärktes berufliches Karrierestreben sind als vermeintlich taugliche Mittel nicht selten, um die bedrohte Identität zu festigen.
Für Marion S. war ihre Eifersucht, wie im ersten Kapitel beschrieben, anfangs die Haupttriebfeder gewesen, ihren Beruf aufzugeben und ein Studium zu beginnen, dem sie dann ihre gesamte Zeit und Energie widmete.

Die brennendste Frage bei der Beschäftigung mit dem Thema Eifersucht ist natürlich: Was kann man tun? – Sei es, daß man selber betroffen ist, sei es, daß man als Freund oder Freundin oder als professioneller Berater bzw. Therapeut helfen möchte.

Die bisherigen entwicklungspsychologischen Überlegungen bieten eine nützliche Grundlage, um einen Teil an Antworten auf diese Frage zu finden.

Ich hoffe, daß deutlich geworden ist, daß die auf den ersten Blick typischen Auffälligkeiten im Verhalten vieler Eifersüchtiger in der Regel Strategien sind, um innerlich erlebte Ängste und Konflikte – Wiederbelebungen alter Ängste und Konflikte – zu bewältigen. Sie stellen Versuche dar, diese Ängste und Konflikte handhabbar, erträglich zu machen.

Auf diesem Hintergrund besteht einer der ersten sinnvollen Schritte einer am Persönlichkeitswachstum orientierten Auseinandersetzung mit Eifersucht darin, heutige reale Konflikte einer Paarbeziehung und eventuell vorhandene Gefährdungen zu trennen von Erinnerungen und Wiederbelebungen alter Szenen der eigenen Kindheit, die mit Hilfe des Partners/der Partnerin noch einmal reinszeniert werden. Alte, für das heutige Leben längst einschränkend gewordene Lebensentscheidungen werden dabei noch einmal gefestigt. Es geht also zunächst darum, die kindlichen Erfahrungen und Gefühle der Angst, Wut und Schuld von heutigen Erfahrungen mit dem aktuellen Partner/der Partnerin trennen zu lernen. Die Erweiterung der Wahrnehmung heutiger Beziehungssituationen und die Verbesserung der Kommunikationsfähigkeit über gegenseitige Wünsche und Bedürfnisse bilden dabei einen wichtigen Bestandteil, um heute im Erwachsenenleben mögliche Lösungen von früheren ängstigenden und verletzenden Erfahrungen unterscheiden zu können.

Bei der Betrachtung und Rekonstruktion der früheren Beziehungserfahrungen ist es von entscheidender Wichtigkeit, die kindlichen Reaktionen auf frühe Ängste und Enttäuschungen wohlwollend und mit einfühlsamem Verstehen zu betrachten. Es sind die Reaktionen und Entscheidungen, die wir als Kind meist in sehr kluger und einfallsreicher Weise zur Sicherung unseres psychischen Erlebens erfunden haben, die uns aus unserer damaligen Sicht sinnvoll erschienen, auch wenn sie die Entwicklung von Identität und Beziehungsfähigkeit im nachhinein betrachtet behindert haben. Sich für solche Reaktionsbildungen bei ohnehin nicht sehr stabilem Selbstbewußtsein noch obendrein zu beschimpfen, ist einer der schwerwiegendsten Fehler, den Eifersüchtige selber und gelegentlich auch diejenigen, die ihnen „gute Ratschläge" geben wollen, machen.

Viel hilfreicher sind alle Bemühungen, die Defizite in der Entwicklung einer stabilen, positiv bewerteten Identität auszugleichen. Die Beziehungen zu wichtigen Menschen im Erwachsenenalter eröffnen Möglichkeiten, einen Teil der früher unbefriedigenden oder nicht durchlaufenden Entwicklungsschritte zu korrigieren bzw. nachzuholen. Hierzu bedarf es Mut, sich solchen oft neuen Erfahrungen zu stellen und Konflikte, die den früher erlebten sehr ähnlich sind, neu und anders zu lösen. Auch bedarf es der aktiven Unterstützung wichtiger Personen im heutigen Leben – und das können gute Freunde wie auch professionelle Therapeuten sein –, die wichtige identitätsfördernde Impulse geben, emotional stützen und sich den Konflikten, die eventuell damit in der jeweiligen Beziehung aufbrechen, in konstruktiver Weise stellen.

Wichtige fördernde und erlaubende Botschaften, die von Personen mit Identitätsdefiziten auch in jedem späteren Lebensabschnitt noch nachholend aufgenommen, gespeichert und in die Persönlichkeitsorganisation integriert werden können, sind dabei:

- Trau dich, dich auf enge und emotional bedeutsame Beziehungen einzulassen! Bemerke die positiven Aspekte dieser Beziehungen in vollem Umfang und bewahre sie, auch wenn es zeitweise negative und enttäuschende Erlebnisse gibt.
- Du bist als Person, ohne dich zu verstellen oder Anteile deiner Individualität zu verleugnen, wichtig und liebenswert.
- Fühle dich zugehörig. Dieses Gefühl mußt du nicht erst durch besondere Anpassungsleistungen „verdienen".
- Wenn dir geliebte Menschen nicht immer ihre volle und ungeteilte Aufmerksamkeit schenken, bedeutet dies nicht, daß sie dich ablehnen. Es ist lediglich Ausdruck dessen, daß sie eigene Personen mit eigenen Wünschen und Bedürfnissen sind; genau wie du.
- Es ist eine natürliche und vollkommen richtige Reaktion, wenn du dich über Verletzungen durch deine/n Partner/in ärgerst. Vergiß darüber jedoch nicht seine/ihre positiven Eigenschaften und all das, was du in anderen Situationen Positives mit ihm/ihr erlebt hast!
- Sei ganz sicher, daß dein Verhalten Wirkungen auf deinen Partner bzw. deine Partnerin hat!
- Entdecke deine Neugier und Lust auf autonome Lebenserfahrun-

gen und neue soziale Situationen! Respektiere und unterstütze die gleiche Neugier und Lust bei deinem/r Partner/in.

Das Aufgeben einer symbiotischen Beziehung, die eigenes Leben nur durch und mit dem Partner als möglich erscheinen läßt, bedeutet nicht, verlassen und einsam zu sein. Es öffnet Türen für eine Bereicherung deiner und eurer Möglichkeiten.

Die Wege, auf denen solche Botschaften wirkungsvoll integriert werden können, sind vielfältig. Einige „Wegweiser" und „Reisebeschreibungen" finden sich im letzten Kapitel dieses Buches.

Die Zahl der Irrwege ist sicherlich ebenso groß. Einen dieser Irrwege möchte ich vorweg – als kleinen Exkurs in der entwicklungspsychologischen Betrachtung der Wurzeln von Eifersucht – gleich hier beschreiben; einen Irrweg, der nach meinen Erfahrungen als Psychotherapeut leider viel zu häufig beschritten wird und an dessen Ende Selbstzweifel und Haß auf die eigenen Eltern stehen.

Sind die Eltern an allem schuld?

Die unselige und entwicklungshemmende Einstellung, die den Eltern die Verantwortung für die eigenen heutigen Probleme zuschreibt, bildet die Grundlage für das, was ich als Irrweg in der Identitätsentwicklung bezeichne. Reduziert man ihre vielen Varianten auf die einfachste Form, lautet sie etwa so: „Da meine Eltern mir nicht die notwendigen Bedingungen schaffen konnten, um eine stabile Identität zu entwickeln und befriedigende Beziehungen im späteren Leben aufzubauen, da sie durch ihr Verhalten ursächlich zu meiner Unfähigkeit beigetragen haben, Beziehungsprobleme zu lösen, da sie so auch die Grundlagen für pathologische, d. h. mich selbst destruktiv behindernde Eifersuchtsreaktionen geschaffen haben, tragen sie die Schuld für diese ganze Misere. Sie sind verantwortlich. Sollen sie sehen, wie sie das nun wieder ausbügeln, was sie früher angerichtet haben."

Diese Einstellung ist weder eine zutreffende Beschreibung dessen, was in der Regel zwischen Eltern und Kindern in einem langjährigen Erziehungs- und Interaktionsprozeß passiert, noch nützt sie irgendjemandem: weder den Kindern noch den später dann erwachsenen „Kindern" noch den Eltern.

Mir liegt sehr daran, zu betonen, daß Kinder angesichts der subjektiven Interpretation ihrer frühen Erfahrungen Entscheidungen treffen und daß sie von Anfang an aktiv an der Gestaltung des Interaktionsprozesses mit ihren Eltern beteiligt sind. Es ist keineswegs so, daß sie diesen Prozeß, wie dies lange von einigen Entwicklungspsychologen angenommen wurde, nur passiv erleiden.

Gewiß spielen Verhalten und innere Haltungen der Eltern, v. a. die Fähigkeit der Mutter, sich emotional einfühlsam und akzeptierend auf ihr Kind einstellen zu können, eine große Rolle in diesem Prozeß, jedoch ist das Aufeinander-Bezogen-sein in der Interaktion der ersten Monate eben ein wechselseitiger Prozeß, der in jedem Augenblick auch durch das Kind beeinflußt wird.

Weiterhin halte ich es langfristig für die gesündere Einstellung, das Leben als Erwachsener in die eigenen Hände zu nehmen, selber Verantwortung für zukünftige Entwicklungen zu übernehmen und dabei den Eltern in der Erinnerung den ihnen gebührenden Platz einschließlich aller eventuellen Mängel, aber auch einschließlich aller ihrer positiven Bemühungen zuzuweisen. Dabei gehe ich davon aus, daß Eltern – und zwar ausnahmslos – ihren Kindern so viel an positiven Erfahrungen ermöglichen, wie es ihnen aufgrund ihrer eigenen Lebensgeschichte zum jeweiligen Zeitpunkt eben möglich ist. Dies mag im nachhinein betrachtet manchmal zu wenig oder für die Entwicklung unangemessen gewesen sein, aber es war eben das, was ihnen möglich war. Wenn wir als Kinder und spätere Erwachsene darüber enttäuscht sind und waren, existentielle Ängste entwickelt haben und Trauer wie auch Ärger empfinden, so ist dies sehr verständlich. Zeigt es doch, wie nachhaltig diese frühen Erfahrungen in der Erinnerung gespeichert wurden und wie häufig diese emotionalen Erinnerungen auch nach vielen Jahren noch von uns immer wieder abgerufen werden und wiedererlebt werden können. Wir sollten dabei jedoch nicht vergessen, daß es eben Erinnerungen sind. Die früheren Entscheidungen, wer wir sind und was wir von anderen Menschen zu halten haben, waren damals sicher nützlich, ja manchmal sogar überlebensnotwendig – aber es waren eben frühere Entscheidungen: Heute können wir neue Entscheidungen treffen, können die Fragen nach unserer Identität und unseren Beziehungsmöglichkeiten neu beantworten. Wenn wir statt dessen weiterhin unseren Eltern die Verantwortung für unser heutiges Leben zuschreiben, noch immer darauf warten, daß sie uns endlich das geben, von dem wir meinen, früher nicht genug bekommen zu haben, werden wir nicht zu solchen autonomen Neuentscheidungen fähig sein.

Die skizzierte Einstellung, die den Eltern die Schuld an späteren unbewältigten Lebensproblemen zuschreibt und Autonomie und Eigenverantwortung der nun erwachsenen Kinder geringschätzt, übersieht in der Regel auch, welche angenehmen und entwicklungsfördernden Impulse wir von unseren Eltern trotz aller Mängel erfahren haben. Diese Impulse, die für unsere Zukunft wichtig sein können, sind bei der genannten Grundeinstellung oft unter einer Decke aus Ärger, Enttäuschung und Verbitterung verschüttet und können so nicht wirksam werden.

So wichtig es ist, die Bedeutung der eigenen kindlichen Situation zu kennen und die oft unangenehmen Gefühle von Enttäuschung, Wut und Angst zu respektieren, genau so wichtig ist es auch, dabei nicht stehen zu bleiben, sondern als erwachsener Mensch unsere Ressourcen, unsere inneren Quellen wiederzuentdecken und zu entwickeln, die uns erlauben, für die weitere Gestaltung unseres Lebens unabhängig von unseren Eltern selber die volle Verantwortung zu übernehmen.

Frühe Dreiecksbeziehung

Kehren wir zurück zur kindlichen Entwicklung nach den ersten 18 Lebensmonaten, soweit sie für die Entstehung von pathologischer, skriptgebundener Eifersucht relevant ist.

Im Entwicklungsabschnitt etwa zwischen dem dritten und siebten Lebensjahr setzten sich Kinder verstärkt mit der Dreiecksbeziehung: Vater-Mutter-Kind auseinander.

Wichtige Schritte in der Entwicklung von Geschlechtsidentität und dem Umgang mit geschlechtsbezogener Rivalität stehen als Entwicklungsaufgaben an.

Geschlechtsidentität meint hierbei die individuelle Antwort auf Fragen wie etwa:

Welchem Geschlecht erlebe ich mich als zugehörig?

Was bedeutet es für mich, eine Frau bzw. ein Mann zu sein?

In welcher Weise gleiche ich anderen Frauen bzw. Männern, und wie unterscheide ich mich von ihnen? Welche Eigenschaften, Merkmale, Gefühle, Denkgewohnheiten etc. unterscheiden mich von Menschen des jeweils anderen Geschlechts?

Welche Auswirkungen hat die Tatsache, daß ich ein Mann eine Frau bin auf die Art der Beziehungen, die ich zu Männern bzw. Frauen eingehe?

Die Fähigkeit, sexuelle Rivalität im Erwachsenenalter bewältigen zu können wie auch die Sicherheit hinsichtlich der eigenen Geschlechtsidentität werden von Erfahrungen in dieser Entwicklungsphase stark geprägt. Dabei gründet diese Sicherheit wiederum auf der Identitätsstabilität aus vorhergehenden Phasen, z. B. auf der Kunst, mit Ärger, Wut, Enttäuschung, Angst und auch Lust bezogen auf Beziehungen umgehen zu können, ohne die eigene Identität als bedroht zu erleben.

Eifersucht in späteren Lebensphasen setzt eine Dreiecksbeziehung voraus. Die dritte Person kann dabei real vorhanden sein oder im Do-it-your-self-Verfahren als Wahnvorstellung gebastelt werden. Eifersuchtswahn ist aus dieser Sicht die in der Phantasie inszenierte Wiederholung der früher als Kind erlebten Triade in der Ursprungsfamilie.

Das Stichwort „Dreiecksbeziehung" löst in der Regel Assoziationen wie: unmoralisch, schwierig, verletzend, unfair aber auch: spannend, bereichernd, unvermeidlich aus. Einen Kollegen, der als Psychotherapeut häufig mit Paaren arbeitet, fragte ich einmal, was er von Dreiecksbeziehungen halte. „Nach allem, was ich beruflich so höre und erlebe und nach allem, was ich aus eigener Erfahrung weiß, sind Dreiecksbeziehungen ja eher häufig als selten. Trotzdem: Ich würde so etwas nicht unbedingt empfehlen – es ist einfach zu anstrengend und läuft selten gut."

Sind Dreiecksbeziehungen also eine schwierige Beziehungskonstellation, die tunlichst zu vermeiden ist? Zumindest für Kinder, die in Familien aufwachsen, in denen ihre Eltern oder Stiefeltern zusammenleben, ist ein solches Vermeiden gar nicht möglich. Für sie ist die Dreiecksbeziehung Vater-Mutter-Kind eine vorgegebene unumstößliche Tatsache, mit der sie sich auseinandersetzen müssen: die Tatsache, daß geliebte Personen gleichzeitig, wenn auch in anderer Weise, von mindestens einer anderen Person geliebt werden. Sind Geschwister vorhanden, wird die Situation nochmals komplexer.

Kinder müssen in der Ursprungsfamilie die ambivalenten Gefühle verarbeiten lernen, die mit der Situation verbunden sind, geliebte Menschen mit anderen teilen zu müssen, keinen Exklusivanspruch auf ihre Liebe zu haben. Diese Situation wird um so schwieriger verarbeitet werden können, je übermächtiger die Eltern erlebt werden und je ohnmächtiger und ihnen ausgelieferter sich die Kinder selbst erleben.

Im subjektiven Erleben mancher eifersüchtig reagierender Erwachsener wird genau diese kindliche Situation wiederholt: Ein Partner sieht sich durch die Tatsache, daß der/die andere Sympathien für eine dritte Person entwickelt, ausgeschlossen und erlebt Gefühle der Ohnmacht und Hilflosigkeit, auch wenn er/sie im erwachsenen Teil seiner/ihrer Person genau weiß, daß er/sie über eine ganze Reihe anderer ganz und gar nicht hilfloser Reaktionsmöglichkeiten in dieser Situation verfügen könnte. Er/Sie resigniert jedoch aufgrund der vermeindlichen Überlegenheit des/der Partners/Partnerin. Verhaltensweisen, die geeignet wären, die Beziehung zu klären, werden nicht oder nicht mit der notwendigen Energie eingesetzt.

Franz S. beispielsweise, dessen eifersüchtiges Verhalten im ersten Kapitel beschrieben wurde, ärgert sich zwar gelegentlich und meist heimlich über die zahlreichen Studienkollegen, zu denen seine Frau positive freundschaftliche Kontakte aufgebaut hat, unternimmt aber nichts, um diese für ihn beängstigende Situation z. B. durch Gespräche mit seiner Frau zu klären. Statt dessen zieht er sich von ihr zurück und wählt damit ein resignativ-trotziges Verhalten, das bestenfalls noch zur Erpressung seiner Frau nach dem Motto taugt: „Sieh nur, was du mir antust, du wirst schon sehen, was du davon hast!" Stärker noch schien mir jedoch die Abwertung seiner eigenen Fähigkeiten, die Situation zu beeinflussen, bei diesem Rückzug mitzuschwingen. Franz S. erlebte, wie er später herausfand, eine Wiederbelebung kindlicher Gefühle und Verhaltensimpulse, die er früher gegenüber seiner Mutter empfunden hatte. Er erinnerte sich, daß er im Alter von sechs bis acht Jahren den andauernden Eindruck hatte, von ihr wegen Dummheit und Leistungsversagen in vielen Lebensbereichen abgelehnt zu werden.

Ständig habe sie ihm das väterliche Erfolgsvorbild vorgehalten, dem er damals nicht habe entsprechen können. Sein Vater habe damals als Jurist eine eigene Kanzlei geführt. In seiner Ehe wurden diese Versagensängste durch die Kontakte seiner Frau zu angehenden Akademikern wiederbelebt. Die schwiegermütterliche Aussage, er sei als Nicht-Akademiker kein adäquater Ehemann für ihre Tochter, konnte genau an diesem Punkt kindlicher Verletztheit und kindlicher Angst einhaken und verfehlte ihre Wirkung nicht. Er empfand sich als nicht leistungsstark genug, als gegenüber anderen Männern wertlos, und sah sich in der Beziehung zu seiner Frau als bestenfalls geduldet, nicht aber als wirklich gewollt und begehrt.

An diesem Beispiel wird deutlich, daß nicht schon die Existenz einer Dreiecksbeziehung in der Herkunftsfamilie für ein Kind problematisch ist, sondern der befürchtete Ausschluß aus der Triade.

Um den subjektiven Eindruck des Ausschlusses aus dem Familiendreieck zu verhindern, ist es wichtig, daß beide Eltern dem Kind emotionale Sicherheit geben können. Im Idealfall sollte sich ein Kind, je nachdem. von wem es sich gerade mißverstanden und abgelehnt fühlt, an den jeweils anderen Elternteil wenden können und dabei gleichzeitig die Erfahrung machen, daß beide Eltern sich in ihren Bemühungen um ihr Kind nicht gegenseitig abwerten oder gegeneinander ausspielen lassen.

Im Laufe ihrer Entwicklung können Kinder lernen, daß sie zu beiden Eltern eine Beziehung haben, die verschieden ist und daß beide Eltern eine gemeinsame Beziehung haben, die wiederum verschieden ist von der Beziehung zu ihren Kindern. Kinder lernen so auch, daß „verschieden" eben nicht heißt: „mehr oder weniger wertvoll". Dies ist diejenige Entwicklungsphase, in denen Kinder lernen können, die unterschiedliche Qualität verschiedener Beziehungen zu differenzieren. In diesem Lernprozeß entwickeln sie auch die Fähigkeit verschiedene Dimensionen des Aufeinander-bezogen-Seins zu unterscheiden, wie z. B: körperliche Nähe, emotionale Zuwendung, intellektueller Austausch, Befriedigung von Versorgungsbedürfnissen und -wünschen, Sexualität.

Dabei können Kinder auch ein erstes Gespür und Wissen darüber entwickeln, daß die Tatsache, keine sexuelle Beziehung zum gegengeschlechtlichen Elternteil zu haben, nicht bedeutet, auf die Entwicklung eigener Sexualität überhaupt zu verzichten, sondern daß Eltern wohlwollend und mit Stolz die Entwicklung einer auf lustvolles Erleben des eigenen Körpers und altersentsprechender Partner ausgerichteten Sexualität ihrer Kinder fördern.

Kinder, die diesen Entwicklungsprozeß einigermaßen erfolgreich durchlaufen, erleben nicht ständig die Angst, ausgeschlossen zu sein, nicht dazuzugehören, und sie sind sich ihrer eigenen Sexualität sicher; beides Qualitäten, unter deren Mangel viele stark eifersüchtig reagierende Menschen leiden.

Mädchen und Jungen

Die Entwicklung geschlechtsbezogener Identität vollzieht sich durch Identifikation – Übernahme und Verinnerlichung von Einstellungen und Verhaltensmustern – sowie durch Auseinandersetzung und Abgrenzung gegenüber dem gleichgeschlechtlichen wie auch dem gegengeschlechtlichen Elternteil. Dabei sind die erlebten Konfliktsituationen für Jungen und Mädchen verschieden:

Jungen stehen in der hier beschriebenen Entwicklungsphase vor der Aufgabe, sich von der Mutter ablösen und sich verstärkt mit dem Vater als männlicher Identifikationsfigur auseinandersetzen zu müssen. Auch wenn der Vater in den ersten Lebensjahren bereits an der Erziehung beteiligt war – was in unserer Gesellschaft noch immer eher die Ausnahme ist – gewinnt er nun ein qualitativ und quantitativ anderes Gewicht. Neben der Erweiterung an Identifikationsmöglichkeiten entsteht hierdurch jedoch eine doppelt ambivalente Situation:

Die Mutter, die in der Regel die erste und wichtigste Person ist, mit der auch Jungen sich identifizieren, von der ein Großteil ihrer primären Bedürfnisse befriedigt wurde, deren Sicht der Welt für die Bildung einer eigenen Einstellung ausschlaggebend war, bleibt weiterhin mit ihrem positiven Anteil dieser primären Bindung als inneres Bild präsent. Gleichzeitig rücken im Zuge verstärkter Ablösung und Abgrenzung, die oft auch mit aggressiv-wütenden Distanzierungsversuchen verbunden ist, negativ erlebte Momente mit ihr in den Vordergrund.

Ebenfalls gleichzeitig werden Einstellungen, Verhaltensweisen und Zuwendungsbemühungen des Vaters in positiver Weise bemerkt, bewundert und gesucht. Viele Väter können überhaupt erst dann mit ihren Söhnen „so richtig was anfangen", wenn diese so etwa im Alter von fünf bis sechs Jahren anfangen, ausgedehnte Abenteuer außerhalb des Hauses zu suchen, Fußball zu spielen und sich für den Beruf des Vaters zu interessieren.

Die so gegenseitig bedingte positive Hinwendung kann jedoch aus der Sicht des Sohnes durch aufkommenden Ärger getrübt werden, falls er im Vater einen Rivalen um Mutters Liebe sieht.

Abgrenzung gegenüber der Mutter bei gleichzeitig erhaltener positiver Bindung und erhaltenem Bedürfnis nach mütterlicher Fürsorge und positive Hinwendung zum Vater bei gleichzeitigem Ärger auf ihn als Konkurrenten um die Mutter – eine schwierige Dreieckssituation, die Söhnen wie Eltern einiges abverlangt und äußerst anfällig ist für Koalitionen zweier Personen in dieser Triade gegen die dritte.

Die Familiensituation wird v. a. dann bedrohlich und verwirrend, wenn die Koalition zwischen einem Elternteil und dem Kind gegen den anderen Elternteil verläuft. Dieser Ausschluß einer Elternperson führt dazu, daß die triadische Familienkonstellation vom Kind nicht als Entwicklungschance im Umgang mit Bindung, Autonomie und Geschlechtsidentität genutzt werden kann. Das gilt für Jungen wie für Mädchen.

Betrachten wir nun jedoch, wie sich die Dreieckssituation speziell für Mädchen darstellt:

Für sie besteht nicht die Notwendigkeit, die primäre Bezugsperson – die Mutter – als Identifikationsfigur aufgeben zu müssen, um sich an einer Person des eigenen Geschlechts orientieren und ein Bild weiblicher Identität entwickeln zu können. Um so notwendiger wird es für sie, eine innere Abgrenzung zur Mutter zu vollziehen, um ein eigenes, ihren ganz individuellen Eigenarten entsprechendes Identitätsbild zu entwickeln, das nicht ausschließlich von der Mutter übernommen wurde. Hierzu werden Väter nun dringend gebraucht und gesucht. (Falls keiner in der eigenen Familie vorhanden ist, suchen Mädchen im Alter ab ca. vier bis fünf Jahren verstärkt den Kontakt zu „Ersatzvätern" meist aus dem Freundes- und Bekanntenkreis der Mutter.) Im Idealfall erfahren Mädchen nun verstärkt eine Spiegelung ihrer weiblichen Identität von einer männlichen Elternfigur, die sich eben unterscheidet von dem, was an Spiegelung durch die Mutter erfolgt. Auch die Neugier darauf, wie sich Frauen von Männern unterscheiden, rückt nun ins Zentrum der Aufmerksamkeit heranwachsender Mädchen.

Der Prozeß der gleichzeitigen Orientierung an väterlichen wie mütterlichen Bestätigungen ihrer Person, an väterlichen wie mütterlichen Einstellungen und Verhaltensweisen verläuft nun nicht ausschließlich harmonisch. Er ist, ähnlich wie bei Jungen, von höchst ambilvalenten Gefühlen begleitet:

Die bestehende emotionale Bindung an die Mutter kann nicht nur in Widerspruch geraten zum Wunsch nach Ablösung, nach stärkerer Autonomie, sondern auch zu der Tendenz, mit der Mutter um Vaters Liebe zu konkurrieren. Andererseits können Konflikte auftreten zwischen der positiven Hinwendung zum Vater und dem Ärger auf ihn wegen seiner Beziehung zur Mutter, welche seine ungeteilte Aufmerksamkeit schmälert.

Auch für Mädchen besteht die Gefahr, sich aus dieser Dreiecksbeziehung als ausgeschlossen zu erleben oder in eine für sie nicht förderliche Koalition mit einem Erwachsenen gegen den anderen verwickelt zu sein.

An dieser Stelle komme ich noch einmal auf Katrin zurück, deren Geschichte im dritten Kapitel bereits dargestellt ist:

Angesichts ihrer extremen Eifersuchtsreaktionen gegenüber ihrem Freund hatte sie sich im Laufe unserer Gespräche an sehr ähnliche Gefühle gegenüber ihren Eltern erinnert: Sie erlebte noch einmal den Haß auf ihre Mutter, die sie aus dem Zimmer schickte oder mit Migräneanfällen drohte, wenn Katrin mit ihrem Vater alleine zusammen gewesen war. Daß dieser sich dann regelmäßig ausschließlich um ihre Mutter kümmerte, statt sich weiter mit ihr zu beschäftigen, sah sie als Beweis, daß sie aus der familiären Dreiecksbeziehung ausgeschlossen werden sollte. Die Tatsache, daß sie wenig später für ca. zwei Jahre ohne für sie damals erkennbaren Grund aus dem elterlichen Haushalt verbannt wurde und bei einer Tante leben mußte, festigte in drastischer Weise ihre Vermutung, daß sie nicht zur Familie gehören sollte und beide Eltern sie nicht lieben. Trotz dieser verletzenden Erfahrung, so erzählte Katrin, habe eine ihr nicht erklärliche innere positive Verbundenheit mit ihrer Mutter bestanden. Sie habe immer zu ihr gehalten. Die abfälligen, distanzierenden Bemerkungen ihrer Mutter gegen ihren Vater wie auch gegen die Männer im allgemeinen habe sie immer einleuchtend gefunden und innerlich geteilt. Sie habe sich regelrecht gedrängt gefühlt, ihre Mutter in dieser Hinsicht zu bestärken, obwohl sie sich sehnlichst ein herzliches und liebevolles Verhältnis zu ihrem Vater gewünscht habe. Während Katrin ihre Mutter und deren Haß auf Männer vor Augen hatte, während sie gleichzeitig auch Mutters demütig-unterwürfige Haltung, die sie in einer nicht gewollten Ehe ausharren ließ, wahrnahm, bildete sich bereits im Alter von ca. fünf Jahren bei ihr die Idee, daß es ein schweres und leidvolles Los sein müsse, eine Frau zu sein und daß sich Männer grausam, distanziert und verletzend gegenüber Frauen verhalten.

Gelegentlich habe sie dann jedoch auch die Idee gehabt, ihre Mutter sei vielleicht „nicht ganz normal". Sie habe von ihrem Vater jedoch erwartet, daß er sich dann doch mehr um sie – Katrin – kümmere, als sich mit ihrer „nicht ganz normalen" Mutter abzugeben. Vergeblich habe sie jedoch auf irgend einen Beweis, daß er ihre Existenz überhaupt in positiver Weise registriere, gewartet. Als er dann schließlich ihre Mutter verlassen habe, habe sie ein letztes Mal damit gerechnet, daß er nun seine Aufmerksamkeit und Liebe auf sie konzentrieren würde. Statt dessen habe er jedoch zahlreiche oberflächliche Beziehungen zu anderen Frauen angefangen und habe sie, seine Tochter, nie mehr sehen wollen. Katrins Grundüberzeugung, daß Frauen wertlos sind und Männer untreu, war damit gebildet und mehrfach bestätigt. Sie sollte sie über viele Jahre ihres weiteren Lebens begleiten. Ihre späteren Eifersuchtsreaktionen gründeten auf den Gefühlen, die an diese frühen Erlebnisse und Entscheidungen gebunden waren. Ein ständiges Gefühl, als Frau minderwertig zu sein und die Idee, daß Männer entweder untreu oder völlig unfähig seien, sich auf Beziehungen einzulassen, prägten ihren weiteren Lebenslauf. Mit zielsicherer Intuition suchte und fand sie dann auch genau die Männer, mit denen sie erneut Erfahrungen machen konnte, die ihre Grundeinstellungen bestätigten.

Einen weiteren Fall von Ausschluß – diesmal des Vaters – hatte Herr M. der im dritten Kapitel als „kleiner Prinz von Mutters Gnaden" vorgestellt wurde, in seiner Kindheit erlebt.

Seine Eltern führten eine Ehe, die auf gesellschaftlicher Konvention und materieller Absicherung basierte. Emotionale Zuneigung schien zwischen den Eheleuten von untergeordneter Bedeutung zu sein. Herrn M.'s Mutter hatte ihre Lebensaufgabe darin gefunden, ihm als jüngstem Sohn alle Schwierigkeiten innerhalb wie außerhalb der Familie aus dem Weg zu räumen und ihn, wo immer sie nur konnte, in Watte zu packen und zu verwöhnen. Als Gegenleistung mußte er sich möglichst oft mit ihr öffentlich sehen lassen und dies meist zu Anlässen, die seinen Bedürfnissen als Kind und später Jugendlicher in keiner Weise gerecht wurden. Man konnte den Eindruck gewinnen, sie habe ihn gebraucht, um sich durch ihn aufzuwerten, um sich dafür bewundern zu lassen, wie wohlerzogen, redegewandt und erwachsen er schon in jungen Jahren dank ihrer Erziehung geworden sei. Wörtlich soll sie ihn gegenüber Bekannten meist „meinen kleinen Mann" genannt haben. Herr M. beschrieb die Situation so, daß ich den Eindruck bekam, die beiden traten fast schon eher als Ehepaar auf denn als Mutter und Sohn. So sehr Herr M. diese Rolle zeitweise genossen hatte, so sehr hatte er sich jedoch gleichzeitig eingeengt gefühlt. Die Gefühle gegenüber seiner Mutter beschreibt er als schwankend zwischen Bewunderung, Angst vor Verlust und Haß. Seine Möglichkeiten, eine eigenständige, seiner Individualität entsprechende männliche Identität zu entwickeln, wurden eingeschränkt zugunsten der angepaßten Identität als Kind-Mann. Auch als Herr M. bereits in jugendlichem Alter war, hatte seine Mutter noch keine andere Frau neben sich gelten lassen. Auf seine Freundinnen reagierte sie stets mit abwertenden Bemerkungen. Für Herrn M. wäre die Abgrenzung gegenüber seiner Mutter und die Orientierung am Vater ein notwendiger und identitätsfördernder Schritt gewesen. Der Vater jedoch war meist abwesend und spielte innerhalb der Familie, die emotional eindeutig von der Mutter dominiert wurde, nur eine wenig prägnante Rolle.

Als Folge dieser Entwicklung hatte Herr M. zwar gelernt, mit mütterlicher Unterstützung den „kleinen Mann" zu spielen, ein sicheres Gefühl für eine autonome Männlichkeit fehlte ihm jedoch. So fühlte er sich gegenüber Menschen auch nur dann wohl, wenn die Begegnungen in einem durch Konvention ritualisierten oder beruflich organisierten Rahmen stattfanden. War dies nicht der Fall, benötigte er die ständige Begleitung und den Schutz seiner Frau, welche die Rolle seiner Mutter zu Beginn der Ehe übernommen hatte. In dem Augenblick, in dem seine Frau ihm diese Art der Unterstützung verweigerte, brach sein Identitätsgefühl zusammen. Er fühlte sich allgemein als Person und speziell als Mann wertlos, unvollkommen und unattraktiv.

Diese Familienkonstellation, in der der Vater in der Erziehung der Kinder eine eher marginale Rolle in der Familie spielt, ist zwar nicht häufig in dieser extremen Form zu finden, entspricht jedoch insgesamt in unserer Gesellschaft immer noch der tradierten Rollenaufteilung zwischen Männern und Frauen.

In bezug auf ihre Söhne tragen Männer damit zu Brüchen und Defiziten in der Entwicklung männlicher Geschlechtsidentität bei; sei es, daß sie als männliche Identifikationsfigur gar nicht zur Verfügung stehen, sei es, daß sie selber kein eindeutiges und sicheres Gefühl für ihre männliche Identität haben, sei es, daß sie unter dem Einfluß gesellschaftlicher Rollenerwartungen familiäre und erzieherische Aufgaben ganz bewußt ausschließlich ihren Frauen überlassen oder sei es dadurch, daß sie zwar anwesend sind, aber für ihre Söhne emotional unerreichbar bleiben.

Auch diejenigen Väter, die als übermächtig oder 150prozentig perfekt erlebt werden, können von ihren Söhnen nicht als entwicklungsfördernde männliche Elternfigur angenommen werden. Die zur Entwicklung einer autonomen Identität notwendige kritische Auseinandersetzung mit dem vom Vater vertretenen männlichen Bild unterbleibt, und Söhne entwickeln statt dessen eine Haltung, die ein Gemisch aus Unterwerfung, Überanpassung, Angst und Bewunderung ist. Diese Mischung ist bezeichnenderweise charakteristisch für die gefühlsmäßigen Reaktionen, die viele männliche Eifersüchtige im Erwachsenenalter gegenüber einem realen oder phantasierten Rivalen erleben. Schon S. Freud sah in der Beziehung zu einem als übermächtig erlebten Vater die Ursachen für manche extremen Formen männlicher Eifersucht und männlichen Eifersuchtswahns.[15]

Verhalten und Einstellungen von Vätern sind jedoch nicht nur für die Entwicklung der Geschlechtsidentität ihrer Söhne, sondern ebenso für die ihrer Töchter bedeutsam.

Reagieren Väter nicht oder abwertend auf die Tatsache, daß ihr Kind ein Mädchen ist und sich zur Frau entwickelt oder können sie mit den ambivalenten, zwischen Haß, Bewunderung und Liebe schwankenden Gefühlen ihrer Töchter nicht umgehen, kann es zu Störungen in der Entwicklung weiblicher Geschlechtsidentität mangels adäquater Spiegelung kommen. Dies würde wiederum einem Versuch des Ausschlusses – diesmal der Tochter – aus der familiären Dreiecksbeziehung gleichkommen.

Dabei ist es zugegebenermaßen für Väter sicherlich nicht immer ganz einfach, eine begeistert befürwortende und förderliche Haltung gegenüber der sexuellen Entwicklung ihrer Töchter einzunehmen, wenn diese sich in bestimmten Entwicklungsphasen darin üben, flirtend und kokettierend unter Nutzung aller sich zunehmend entwikkelnden Möglichkeiten, erwachsene Männer zu verführen. Nur: Töchter müssen das üben; spielerisches Experimentieren gehört auch hier zur normalen Entwicklung. Die Verantwortung zur Wahrung von Grenzen, zum Schutz z. B. vor sexuellen Erfahrungen, die für sie als Kinder bzw. Jugendliche nicht zu verarbeiten wären und extreme Schädigungen nach sich ziehen würden, liegt hier vollständig und ausschließlich bei den erwachsenen Vätern – im Idealfall mit Unterstützung und in Absprache mit der Mutter. Fürchtet diese ihre eigene Tochter jedoch als Konkurrentin – eine Angst, die meist kaum bewußt eingestanden wird –, reagiert sie mit Rückzug und Weigerung, sich auf die Auseinandersetzung mit dieser Entwicklungsphase ihrer Tochter einzulassen, entsteht für dan Vater oft eine stark belastende Situation innerhalb des familiären Dreiecks.

Eine einschneidende destruktive Bedingung, welche die Entwicklung einer positiv besetzten weiblichen Identität verhindert, darf an dieser Stelle nicht unerwähnt bleiben: die Erfahrung sexuellen Mißbrauchs durch den eigenen Vater, und zwar in jedweder Form: angefangen von einer durch ihn provozierten sexualisierten emotionalen Atmosphäre, die kindliches Erleben und kindliche Verarbeitungsmöglichkeiten überfordert über zweideutige körperliche Berührungen bis hin zum Geschlechtsverkehr. Sexuelle Beziehungen von Vätern zu ihren Töchtern bedeuten einen Ausschluß der Mutter aus der Familientriade, der noch verstärkt wird, wenn Mütter die ihnen in aller Regel bekannte Tatsache des Mißbrauchs ignorieren, bagatellisieren, das Gespräch darüber vermeiden und so ihre Töchter schutzlos lassen und sich selbst resignativ aus dem familiären Dreieck zurückziehen. Ein bedrückendes Beispiel für diese Familienkonstellation wurde im ersten Kapitel durch die Lebensgeschichte von Frau W. dargestellt.

Nicht wenige Frauen, die als Kind Opfer sexuellen Mißbrauchs waren, gehen in ihrem erwachsenen Leben wieder Beziehungen zu Männern ein, die sie in verschiedensten Formen mißbrauchen und betrügen. Eifersuchtsreaktionen, Verletztheit, Angst, Ärger und Ekel sind dann nicht nur Reaktionen auf die aktuelle Problemsituation. Sie lassen gleichzeitig die emotionalen Erfahrungen der Kindheit wieder aufleben.

Töchter mit einigen der beschriebenen Entwicklungserfahrungen – gemeint sind hier nicht nur Mißbrauchserfahrungen, sondern alle Formen mangelnder oder inadäquater Spiegelung weiblicher Identität – suchen später in der Regel keinen Mann, dem sie mit stabiler weiblicher Identität gegenübertreten können, sondern eine idealisierte Vaterfigur. Tritt eine tatsächliche oder potentielle Rivalin in die Beziehung – häufig werden alle am Horizont auftauchenden Frauen gleich als Konkurrentinnen verdächtigt – stellen die Eifersuchtsreaktionen die exakte Wiederholung der emotionalen Situation in der Herkunftsfamilie dar: ambivalente Gefühle gegenüber der Rivalin; gleichzeitig Haß und Liebe – wie früher gegenüber der eigenen Mutter –; Liebe und gleichzeitig Haß auch gegenüber dem Partner – der jetzt die Stelle des tatsächlichen oder idealerweise gewünschten Vaters einnimmt. Die Symbiose, die mit dem erwachsenen Partner angestrebt wird, wird als bedroht erlebt, die eigene Identität scheint hierdurch extrem bedroht, die Eifersuchtsreaktionen sind entsprechend heftig.

Diese Wiederholung ambivalenter Gefühlsreaktionen aus der Kindheit erlebte auch Katrin (vergleiche Kapitel 3) in der Beziehung zu ihrem Freund und zu einer (von ihr erfundenen) Rivalin.

Einerseits liebte sie ihre Freund, weil sie hoffte, daß er genau diejenigen Verhaltensweisen, die ihr Vater ihr gegenüber nicht gezeigt hatte – wie bedingungslose Anerkennung und Wertschätzung ihrer Person, Bestätigung ihrer Attraktivität als Frau und die Versicherung, daß er sie nicht verlassen werde – ersetzen werde. Andererseits projizierte sie den gesamten Haß, der eigentlich ihrem Vater galt, ebenfalls auf ihren Freund, indem sie ihn grundlos verdächtigte und ihm vorwarf, sie nicht mehr zu lieben und insgeheim eine neue Beziehung zu einer anderen Frau zu suchen.

Diese ließ sich aus Katrins Sicht auch leicht identifizieren. Sie hatte beschlossen, daß es die Nachbarin sei. Ihr warf sie innerlich vor, sie verführe ihren – Katrins – Freund. Auf sie projizierte sie die negativen Gefühle, die sie als Kind gegenüber ihrer Mutter als Konkurrentin um Vaters Liebe empfunden hatte.

Gleichzeitig stattete Katrin diese Nachbarin, die sie gar nicht näher kannte, in ihrer Phantasie mit einigen der positiven Merkmale aus, die sie bei ihrer Mutter vermißt hatte: selbstbewußtes Wissen um ihre Attraktivität als Frau, selbstsicheres Auftreten und die Fähigkeit, für die Befriedigung eigener Bedürfnisse in der Beziehung zu Männern sorgen zu können. So konnte sie diese „Rivalin" nicht nur hassen, sondern gleichzeitig auch bewundern.

In ihrer Phantasie konstruierte sich Katrin damit genau die Situation, die geeignet war, den als Kind empfundenen Konflikt ambivalenter Gefühle gegenüber Vater wie Mutter noch einmal zu erleben.

Geschlechtsspezifische Rollen

Bisher wurden individuelle, familienspezifische oder durch die Tatsache der Geschlechtszugehörigkeit bedingte Entwicklungsfaktoren für späteres eifersüchtiges Reagieren beschrieben. Diese Faktoren werden nun durch traditionsbestimmte geschlechtsspezifische Rollenzuweisungen noch einmal gefestigt oder auch modifiziert. Solche Rollenzuweisungen, die im Laufe des Erziehungsprozesses an die Kinder weitergegeben werden, bestehen aus der Gesamtheit an Erwartungen, die durchschnittlich in einer Gesellschaft an das Verhalten und die Einstellungen von Männern bzw. Frauen gestellt werden: Erwartungen bezüglich der Verteilung von Macht, Aufgaben und Funktionen in der Ehe, Erwartungen, welche emotionalen bzw. intellektuellen Stärken Männer bzw. Frauen auszeichnen sollten, Erwartungen, wie der „normale Mann" oder die „normale Frau" Konflikte und Probleme in der Partnerschaft regelt oder vermeidet. Diese Rollenattribute normieren auch die zwischen Männern und Frauen unterschiedliche Art, mit der „man" mit tatsächlichen oder vermeintlichen Gefährdungen von Beziehungen umzugehen hat. Schließlich legen diese Rollenerwartungen auch fest, wann und vor allem wie Mann bzw. Frau eifersüchtig zu reagieren hat.

Gewiß haben sich die gesellschaftlichen Erwartungen an das „normale" Verhalten von Männern und Frauen in den letzten 20 Jahren stark verändert. Einige traditionelle Muster halten sich in ihrem Kern jedoch hartnäckig und werden unbewußt und ungewollt über den alltäglichen Umgang mit den Kindern von Generation zu Generation weitervermittelt, auch wenn die bewußten Erziehungsideale für Mädchen und Jungen sich bereits erheblich verändert haben.

So gilt es bei Mädchen in viel stärkerem Maße als bei Jungen noch immer als akzeptabel, ja sogar wünschenswert, wenn sie sich nicht aus der engen Symbiose zur Mutter abgrenzen und eigene, autonome Wege suchen. Ihre Aufgabe besteht stärker, als dies von Jungen erwartet wird, darin, die emotionale Leistung und die Versorgungsanstrengungen, welche die Mutter für die Familie erbringt, zu spiegeln und zu stützen. Mädchen werden so auf ihre gesellschaftlich erwünschte Rolle, später den Hauptteil an emotionaler Sicherheit und Geborgenheit in ihrer eigenen Familie geben zu können, vorbereitet. Der weitgehende Verzicht auf eine autonome Entwicklung ist hiermit eingeschlossen. Das Verhältnis zum Vater ist für Mädchen oft daran geknüpft, daß sie seine Aufmerksamkeit erst durch besondere Anpassungsleistungen, durch verstärkte Bemühungen erkämpfen müssen. Frauen, die diese Erfahrung als Mädchen gemacht haben, „glauben oft, eine zusätzliche Leistung erbringen zu müssen, um im Austausch dafür Geborgenheit, Sicherheit und Zuwendung vom Mann zu bekommen."[16]

Von Jungen wird dagegen eher erwartet, daß sie die Symbiose zur Mutter verlassen und eine autonome Identität entwickeln. Ihr Bemühen um emotionale Sicherheit wird eher auf das Nehmen – von der Mutter – als auf das Geben programmiert. Falls Mütter aufgrund eigener Bedürfnisse ihre Söhne lange in der Symbiose zu halten versuchen, erfolgt oft eine vehemente Abgrenzung nach außen, die jedoch mit keiner wirklichen inneren Ablösung verbunden ist. Angst, überwältigt und eingeengt zu werden und Ärger auf die weiblichen Versuche, die Autonomiewünsche zu untergraben, führt dann dazu, daß Söhne mit diesen Erfahrungen in ihrem späteren Leben Nähe und Hingabe an eine Frau als bedrohlich empfinden – oft bei gleichzeitiger heimlicher Sehnsucht danach. Die Folge ist eine männliche Identität, die gegenüber Frauen emotional weder Geben noch Nehmen zu ihren besonders ausgeprägten Stärken zählen kann.

Das wird gesellschaftlich von Männern auch nicht erwartet. Ihre Rolle ist eher auf Durchsetzungsfähigkeit und Leistungsstärke im Beruf, auf den erfolgreichen Umgang mit Macht angelegt.

Die so vermittelten geschlechtsspezifischen Leitbilder haben später dann unterschiedliche Reaktionen von Männern und Frauen zur Folgen, wenn eine bestehende Paarbeziehung und die Erfüllung der daran geknüpften Erwartungen als bedroht erscheint:

Frauen empfinden eine starke Enttäuschung darüber, daß ihre bevozugte Strategie, eigene Identität zu verleugnen und „emotionale Sonderleistungen" zu erbringen, nicht mit der erwarteten Treue ihres Mannes belohnt wird. Aufgrund ihres Mangels an autonomer Identität fühlen sie sich ganz und gar auf den männlichen Partner angewiesen, glauben, ohne ihn nicht leben zu können, reagieren mit noch stärkerer Überanpassung an seine vermeintlichen Wünsche und Bedürfnisse, stellen ihre gesamten Fähigkeiten in seinen Dienst und sind dann verständlicherweise einmal mehr enttäuscht, wenn all diese Bemühungen nicht den gewünschten Erfolg haben. Die Endpunkte einer solchen Entwicklung sind entweder Resignation und Depression – die sich oft in körperlichen, psychosomatischen Symptomen ausdrückt – oder kaum noch kontrollierbarer Haß. Das Drama um Medea gibt hierfür ein anschauliches Beispiel.[17]

Männer scheint eine vermutete oder tatsächlich erlebte Untreue ihrer Partnerin auf den ersten Blick nicht ganz so stark zu erschüttern. In den ersten sichtbaren, nach außen gezeigten Reaktionen scheint eine größere Autonomie sichtbar zu werden. Sie scheinen in der Regel den möglichen Verlust der Beziehung leichter zu verkraften.

So scheint es, doch so ist es nicht. Auch Männer erleben in Situationen, in denen der Verlust einer bedeutsamen Paarbeziehung droht, nicht nur die Angst vor diesem Verlust. Sie erleben oft gleichzeitig ihr entwicklungsbedingtes Defizit in schmerzhafter Weise: Der Verlust der emotionalen Unterstützung durch die Partnerin, einer Unterstützung, die sie von klein auf gewohnt waren, als selbstverständlich zu nehmen und gar nicht mehr bewußt zu registrieren, stellt sie plötzlich vor eine innere Leere, die nicht zu füllen ist durch eine ihrer bevorzugten und gesellschaftlich hochgeschätzten Strategien wie etwa dem verstärkten Engagement im beruflichen Lebensbereich. Auch bemerken sie häufig erst jetzt, wie ungeübt sie darin sind, einen eigenen Beitrag zur „Reparatur" emotionaler Brüche in Beziehungen zu leisten, und gerade dies wäre in Situationen, in denen die Beziehung durch eine dritte Person gefährdet ist, dringend notwendig.

Typisch männliche Versuche, mit diesem erlebten Mangel umzugehen, bestehen zum einen darin, verstärkt Macht und Kontrolle über die Partnerin auszuüben, was bis hin zur Erpressung durch die häufig gegebene materielle Abhängigkeit gehen kann. Zum anderen werden Gefühle von Trauer und Angst im subjektiven Erleben abgespalten, aus der Wahrnehmung ausgeblendet. Auch dies entspricht dem gesellschaftlichen Stereotyp männlichen emotionalen Reagierens und ist damit durchaus „stammtischfähig", wie ich unlängst bei einem Kneipengespräch am Nebentisch mithören konnte: „Wenn die denkt, ich könnte nicht ohne sie, dann ist die aber schief gewikkelt" – sagte der Herr, während er so schätzungsweise nach dem zehnten Bier und Kognak schon kaum noch in der Lage war, selbständig auf seinem Stuhl zu sitzen. Aber, da kennen wir nichts, wir Männer, da müssen wir durch.

Wie ich jedoch aus zahlreichen Gesprächen mit Männern über Beziehungen und über Eifersucht weiß, ist das Gefühl der Minderwertigkeit bei bevorstehenden Trennungen und das erlebte Defizit an emotionaler Beziehungsfähigkeit meist nicht so unbewußt und abgespalten, wie dies nach außen hin scheint. „Mann" redet nur nicht öffentlich darüber.

Treffen die oben beschriebenen „typisch männlichen" und „typisch weiblichen" Beziehungserwartungen aufeinander und entwikkelt ein Partner den Wunsch nach mehr Autonomie und auch nach mehr Distanz in der Beziehung, kommt es oft vor, daß sich beide Partner dann im Zuge ihrer eifersuchtsgetragenen Auseinandersetzungen vorwerfen, der/die andere würde seine/ihre Identitäts-Defizite nicht in ausreichender Weise ausgleichen. Dem Vorwurf eines Partners, als Gegenleistung für seine selbstaufopfernden Bemühungen nicht genügend emotionale Nähe, Geborgenheit und Sicherheit erhalten zu haben, steht dann z. B. der Vorwurf des anderen gegenüber, nicht genügend gewährende Unterstützung für seine Autonomiebestrebungen zu bekommen. Die Aufgabe, die jeder für sich als Nach- und Weiterentwicklung zu erledigen hätte, wird dem Partner als Aufgabe zugewiesen. Er/Sie soll für die chronisch-anhaltende Kompensation des eigenen Mangels sorgen. Akzeptiert der Partner diese Zuweisung nicht, ist die Enttäuschung groß – die Eifersucht ebenso, wie am Beispiel des Paares Franz und Marion S. deutlich wurde.

Geschwisterrivalität

Geschwister sind schon eine eigenartige Spezies. Wir haben sie uns nicht ausgesucht, sie sind – ähnlich wie die Eltern – einfach da. Wir kommen nicht umhin, uns mit ihnen auseinanderzusetzen. Auch können wir als Kinder die Beziehung zu ihnen nicht einfach beenden und uns neue Geschwister suchen. Sie gehören zur Familie, sie kennen fast alle unsere intimsten Geheimnisse, wir müssen ihre Unarten ertragen. Ob wir sie nun lieben oder hassen, ob wir uns über- oder unterlegen fühlen: wir kommen nicht um sie herum. Und egal, wie nett sie sind: Sie sind unsere Konkurrenten, sie beanspruchen einen Teil von Mutters oder Vaters Zuwendung. Gewiß, die Eltern behaupten immer, daß sie alle ihre Kinder gleich lieben, aber es fällt schon schwer, das zu glauben, wenn man miterleben muß, wie der gerade erst sechs Monate alte Bruder von Mutter gehalten und verwöhnt wird, während man selber gerade eine Ohrfeige bekommen hat, nur weil man ihm probeweise eine Heftzwecke in den großen Zeh gestochen hat. Und was hat man schon von so einer Elternliebe zu halten, die der älteren Schwester zu Weihnachten das absolut spitzenmäßige Mountainbike schenkt, während man sich selber mit diesem abartigen Wollpullover begnügen muß, den Oma handgestrickt hat – mal abgesehen von dem Chemiebaukasten, den aber der jüngste Bruder schon gleich so zerfleddert hat, daß er gar nicht mehr zu gebrauchen ist.

Diese und ähnliche frühe Erfahrungen bilden ein wichtiges Übungsfeld im Umgang mit Konkurrenz um Mutters oder Vaters Liebe und mit wahrgenommener Ungleichheit und Ungerechtigkeit. Die hier geschilderten Geschwisterrivalitätssituationen sind nun noch vergleichsweise harmlos. Schlimmer wird es, wenn ein Kind den Eindruck gewinnt, es habe bei Mutter oder Vater gegenüber seinen Geschwistern nicht die geringste Chance, anerkannt zu werden, es sei mit irgendeinem nicht ergründbarem Makel ausgestattet, der es gegenüber den Geschwistern trotz aller Bemühungen minderwertig mache. In diesem Falle ist es hochwahrscheinlich, daß dieses Kind eine frühe Lebensentscheidung trifft, weniger Wert zu sein als andere Menschen, und es ist ebenso hochwahrscheinlich, daß es in seinem späteren Leben, in späteren Liebesbeziehungen diese Einstellung immer wieder bestätigen wird. Dieser Mensch wird prädisponiert dafür sein, immer wieder Liebesbeziehungen einzugehen, in denen er sich gegenüber potentiellen Rivalen/Rivalinnen als wertlos und ausgeschlossen fühlt. Seine/ihre Eifersuchtsreaktionen werden von diesem Grundgefühl getragen sein.

Allgemein läßt sich sagen, daß die Existenz von Geschwistern die weiter oben beschriebene Situation der familiären Dreiecksbeziehung komplizierter macht. Koalitionsbildungen mit einem Elternteil gegen ein oder mehrere Geschwister oder mit einem Geschwister gegen ein oder beide Elternteile sind möglich und nicht selten. Die Gefahr, sich als Kind aus der dadurch recht kompliziert gewordenen Familienstruktur ausgeschlossen oder in eine konfliktträchtige Koalition gedrängt zu sehen, wächst mit der Anzahl vorhandener Geschwister.

Natürlich erfüllen Geschwister im Umgang mit Rivalität, wahrgenommener Ablehnung und Identitätsunsicherheit auch wichtige positive Funktionen:

Zum einen dienen sie der Realitätsprüfung, der gegenseitigen Vergewisserung darüber, wie Eltern sind, was man von ihren Verhaltensweisen zu halten habe und wie man selber ist. Sie fördern Prozesse der Trennung und Individuation in bezug auf die Eltern. So gibt es zwischen Geschwistern, vorausgesetzt, die Geschwisterbeziehung ist nicht vollkommen zerstritten und von Haß geprägt, immer eine ganze Reihe Geheimnisse, die der Bewältigung von schwierigen kindlichen Situationen dienen, die Eltern nie erfahren und auch besser nicht erfahren sollten, da sie wertvolle Ansätze der solidarischen, autonomen Lebensgestaltung der Geschwister darstellen. Zum Beispiel der lebhafte und durchaus von heftigem Streit begleitete Austausch verschiedenaltriger Schwestern darüber, was man wohl von den Jungs zu halten habe, wie auch der brüderliche Diskurs darüber, wie attraktiv oder „bescheuert" die Mädchen im allgemeinen und besonderen sind sowie die genaue Beobachtung des richtigen Gebrauchs von Lippenstift oder Rasierpinsel durch ältere Geschwister bilden wichtige Bausteine in der Entwicklung der Geschlechtsidentität.

Gleichzeitig lernt man mit Geschwistern auch, wie man jemanden, der an die Beziehung in hohem Maße gebunden ist, in intimer Weise quälen kann und wie man mit so etwas umgeht, wenn man selbst in der schwächeren Position ist. Der spätere Umgang mit Eifersucht hängt unter anderem davon ab, in welchem Umfang hier bewältigende oder verletzende, von dem Gefühl der Ohnmacht begleitete Erfahrungen gemacht worden sind.

Eine wichtige Erfahrung, die Kinder in ihren Herkunftsfamilien machen können, ist die, daß Eltern zu einem bestimmten Zeitpunkt Geschwistern mehr und andere Formen der Aufmerksamkeit schenken als ihnen selbst. Die Kunst, solche Erfahrungen verarbeiten zu können, ohne eigene Bedürfnisse zu verleugnen und ohne Entscheidungen über den mangelnden Wert der eigenen Person zu treffen, ist eine Voraussetzung zur Bewältigung späterer eifersuchtsträchtiger Situationen in anderen Beziehungen. Wer es als Kind in der eigenen Familie nicht gelernt hat, die besondere Qualität, die eine Beziehung zu einem geliebten Menschen hat, als einzigartig und nicht austauschbar zu erleben und zu schätzen, wer in der Zuwendung dieses Menschen zu anderen jedesmal die eigene Beziehung zu ihm oder ihr als grundlegend bedroht sieht, wird sich auch in seinen späteren Liebesbeziehungen sehr schwer damit tun, wenn sein Partner/seine Partnerin seine/ihre Aufmerksamkeit und Sympathie auch anderen schenkt. Er/sie wird prädisponiert dafür sein, grundlos eifersüchtig zu reagieren. „Prädisponiert" heißt natürlich nicht, lebenslang mit diesem Fluch belastet zu sein. Die Entwicklung der beschriebenen Grundsicherheit und des Grundvertrauens ist auch nachträglich noch möglich. Nur eben: Sie ist auch notwendig. Von alleine verschwindet die so begründete Eifersucht nicht.

Einige Anstöße und Wege zu dieser nachholenden Entwicklung finden sich im letzten Kapitel dieses Buches. Generell ist Menschen, die keine oder überwiegend verletzende Erfahrungen mit Geschwistern in ihrer Herkunftsfamilie gemacht haben, sehr zu empfehlen, eine Therapiegruppe zu suchen, da gerade die Mehrpersonenkonstellation einer Gruppe geeignet ist, früher als negativ erlebte Situationen in der eigenen Familie noch einmal zu reinszenieren, sie dabei aber mit Hilfe der Gruppenmitglieder und des/der Therapeuten/in neu und diesmal besser bewältigen zu können.

5 Eifersucht und Anpassungstypen

Die Vielfalt individueller biographischer Entwicklungen läßt sich sicher nicht auf Unterschiede in der geschlechtsspezifischen Entwicklung reduzieren. Je nachdem, welche familiären Bedingungen und elterlichen Reaktionen in den verschiedenen Entwicklungsphasen vorherrschend waren und je nachdem, welche Entscheidungen Kinder angesichts dieser vorgefundenen Bedingungen für sich und ihr weiteres Leben getroffen haben, ergeben sich individuell höchst verschiedene Lebenspläne und Ausgestaltungen der persönlichen Identität.

Diese Vielfalt läßt sich nun aber reduzieren, indem man Menschen, die ähnliche Strategien der Anpassung an Familiensituationen und elterliche Reaktionen entwickelt haben, zu Gruppen, zu „Anpassungstypen" zusammenfaßt. Im folgenden soll die unterschiedliche Bedeutung, die Eifersucht für verschiedene Anpassungstypen hat, beschrieben werden.

Einteilungen von Menschen in „Typenklassen" sind immer ein wenig willkürlich. Sie sind jedoch nützlich, um die verwirrende Vielfalt menschlichen Verhaltens überschaubar zu machen.– z. B. dann, wenn man eine überschaubare Anzahl grundlegender Möglichkeiten zur Unterstützung und Hilfe für Menschen sucht, deren grundlegende Lebensstrategien sich als einengend und destruktiv erweisen.

Bei der Reduzierung der Verhaltensvielfalt auf wenige „Anpassungstypen" orientiere ich mich an Typenkategorien, die aus der psychologischen Persönlichkeitsdiagnostik bekannt sind. Unter diesen wähle ich diejenigen aus, die sich hinsichtlich ihrer Eifersuchtsreaktionen und der Bedeutung, die Eifersucht für ihren Lebensplan hat, markant voneinander unterscheiden.

Der depressive Anpassungstyp

Den Urtyp eifersüchtigen Reagierens, der viele Formen eifersüchtigen Erlebens in sich vereint, finden wir bei Menschen des depressiven Anpassungstyps.

Massive Angst, vom Partner getrennt zu sein, die Vorstellung, nicht ohne ihn oder sie existieren zu können, ist hier von zentraler Bedeutung.

Grundlage für die Bildung dieses Anpassungstyps ist der in den ersten drei Lebensjahren gewonnene Eindruck, kein Kind sein zu dürfen mit all den Bedürfnissen und Wünschen, die Kinder in diesem Alter nun mal haben. Depressive Menschen, die diesen subjektiven Eindruck als Kind gewonnen haben, haben eine doppelte, in sich konfliktträchtige Entscheidung zur Anpassung an diese Situation getroffen: „Ich werde meine eigenen Bedürfnisse verleugnen, und ich werde mich gleichzeitig weigern, erwachsen zu werden, solange, bis meine Eltern ein Einsehen haben und mir endlich die Versorgung und Befriedigung meiner Bedürfnisse zukommen lassen, die mir eigentlich zusteht."

Weiterhin festigt sich bei Kindern, die später eine depressive Persönlichkeitsstruktur ausbilden, die innere Einstellung: „Wenn ich genau herausfinde, was die Erwachsenen von mir erwarten und allen Erwartungen nachkomme, habe ich eine Chance, geliebt zu werden."

Auf dem Hintergrund dieser Überzeugungen verzichten depressive Menschen auf eine Differenzierung von den Eltern und damit auf die Entwicklung einer eigenen Identität. Aggressive Impulse, die mit Abgrenzung verbunden sind, erlauben sie sich nicht. Aggression und Wut werden gegen die eigene Person gerichtet; ungerechtfertigtes Schuldempfinden und Selbstabwertungen sind die Folge. Ihre größte Sehnsucht besteht darin, irgendwann im Leben einen Partner für eine grenzenlose Beziehung zu finden, mit und durch den sie in vollständiger Symbiose leben können.

Glauben sie, eine solche Beziehung aufgebaut zu haben und scheint diese Symbiose durch die Sympathie des Partners zu einer dritten Person oder einfach durch seinen/ihren Wunsch nach größerer Autonomie gefährdet, erleben Menschen mit depressiver Anpassungsstruktur dies als existentiell bedrohlich. Selbstbeschuldigungen und Minderwertigkeitsgefühle setzen ein.

Oft auch werden tatsächlich verletzende und unwürdige Situationen in einer Partnerschaft über Jahre hinweg still leidend ertragen. Depressive Menschen halten Unzufriedenheiten und Enttäuschungen lange aus, um überhaupt einen Partner zu haben, an den sie sich in der Hoffnung auf zukünftige Besserung der Beziehungssituation anklammern.

Das Aufgeben eigener Interessen, die ausschließliche Begeisterung für die Ideen und Hobbys des Partners/der Partnerin, die selbstaufopfernde Unterstützung seiner/ihrer Lebensziele, der Verzicht auf den Aufbau eines eigenen Freundeskreises und der Versuch, die bedingungslose Liebe des Partners durch besondere Anpassungsleistungen zu „erkaufen", gehören mit zu dieser Anpassungsstrategie.

Werden all ihre Bemühungen enttäuscht, da der Partner die enge symbiotische Beziehung verlassen möchte, reagieren depressive Menschen innerlich mit äußerst heftigen Eifersuchtsgefühlen. Diese werden jedoch selten offen geäußert, sondern bestehen in heimlichen Selbstvorwürfen und in Vorwürfen an den Partner, die oft einen versteckt aggressiven Unterton erkennen lassen. Der Vorwurf, man habe doch schließlich alles für ihn/sie getan, nun habe er/sie die moralische Pflicht, die Beziehung nicht zu verlassen, der plötzliche Einsatz von körperlichen Krankheiten und Suiziddrohungen, die es dem Partner schwer machen, Versorgung und Unterstützung aufzugeben, gehören zu den Strategien depressiv-eifersüchtiger Menschen, mit denen sie versuchen, die Beziehung aufrechtzuerhalten. Auch dem Partner/der Partnerin wird weder innerhalb wie außerhalb der Beziehung ein eigenes Leben zugestanden. Er/sie soll in die gewünschte Symbiose gezwungen werden. Dramatische Ausbruchsversuche des Partners/der Partnerin, z. B. tätliche Auseinandersetzungen, fluchtartiges Verlassen der gemeinsamen Wohnung oder wahllose, letztlich gar nicht gewollte Protestbeziehungen zu anderen Frauen bzw. Männern sind Reaktionen, welche die Beziehung dann zusätzlich belasten.

Wer eine solche destruktive Beziehungssituation verändern möchte, dem kann man nur dringend raten, alle Versuche, den Partner zu manipulieren, sofort und ausnahmslos zu beenden. Sie werden den Partner nicht in der Beziehung halten. Eine Beziehung, deren Bestand auf dem schlechten Gewissen eines Partners beruht, ist auf Sand gebaut. Sie bildet den Nährboden für Unzufriedenheiten und versteckte Aggressionen. Selbst wenn der Partner/die Partnerin dazu gebracht werden kann, seine/ihre Bemühungen der Sorge und Unterstützung aufrechtzuerhalten, ist dies nicht das, was eigentlich gesucht wurde: geliebt zu werden, so wie man ist – bei voller Entfaltung der eigenen Individualität. Den Mut aufzubringen, eine autonome, gegenüber anderen Menschen deutlich abgegrenzte Person zu werden, ist der wichtigste Schritt, den depressive Menschen gehen können, um ihre depressive Anpassungsstruktur zu überwinden.

Dabei werden sie eine Menge an wohlwollend kritischer Unterstützung brauchen von Freunden und auch professionellen Helfern, die ihre Versuche, die eigene Person abzuwerten, konfrontieren und „stören". Sie brauchen die Ermutigung, „ja" zu eigenen Bedürfnissen und Wünschen und „nein" zu denjenigen Anforderungen ihrer Umwelt sagen zu dürfen, denen sie nicht nachkommen möchten.

Verletztheit und Trauer, aber auch die oft heruntergeschluckte Wut darüber, von den eigenen Eltern nicht bedingungslos akzeptiert worden zu sein, wird dabei als Erinnerung wieder wach werden. Mit zunehmender Eigenständigkeit und Sicherheit wird es möglich werden, das imaginäre – nie wirklich real erlebte – Paradies einer verschmelzenden Symbiose zu verlassen und die Lust auf eigene, autonome Lebensmöglichkeiten zu entdecken.

Der narzißtische Anpassungstyp

Die narzißtische Persönlichkeitsstruktur stellt eine als Kind vollzogene Anpassung an primäre Bezugspersonen dar, die ihr Kind gebraucht haben, um sich selbst in ihm bewundern zu können oder von anderen bewundert zu werden. Es bestand keine wirklich herzliche, emotionale Beziehung, die auf die Bedürfnisse des Kindes eingegangen wäre. Eine Spiegelung und Unterstützung der besonderen Eigenschaften und individuellen Entwicklungsschritte des Kindes fand in den ersten zwei Lebensjahren nicht statt. Das Kind war nur ein Mittel, um die eigene als ungenügend erlebte Identität der Mutter aufzubauen. Kinder entwickeln als Anpassung hieran in durchaus kluger Weise ein Selbstbild, das diesem „Gebrauchtwerden" entspricht. Es entsteht die Fassade eines nach außen hin glänzenden, von Freunden und Bekannten der Familie Bewunderung und Anerkennung erheischenden kleinen Genies, das Mutter nur Freude

macht. Hinter dieser Fassade entwickelt sich die existentiell bedrohliche Grundstimmung: „Kraft eigener Identität und eigener Fähigkeiten bin ich eigentlich nichts. Ich lebe ausschließlich durch meine
Beziehung zur Mutter, die mich jedoch nicht wirklich liebt, sondern
nur braucht." Die mit diesem Selbstbild einhergehenden Gefühle der
Angst, Trauer und Wut sind so bedrohlich, daß diese Einstellung zur
eigenen Person bald wieder aus dem Bewußtsein gedrängt wird. Sie
wird überspielt durch zahlreiche, Bewunderung erheischende Fähigkeiten, mit denen sich das Kind gegenüber Erwachsenen „in Szene
setzt". Als Beispiel dafür, welche Auswirkungen eine solche kindliche Anpassungsstrategie noch im Erwachsenenalter hat, sei noch
einmal Herr M. erwähnt, der dank der aktiven Unterstützung seiner
Frau – die er als Mutter-Ersatz gewählt hatte – im Kreise von Freunden und Kollegen selbstbewußt und erfolgssicher zu glänzen pflegte.
Auch sie hatte ihn anfänglich genau aus diesem Grund zur Aufwer-
tung ihrer eigenen Person gebraucht. In dem Augenblick jedoch, als
sie ihm ihre Bewunderung und Unterstützung versagt, bricht sein
Selbstbild vollständig in sich zusammen.

Ein gefestigtes Grundgefühl für den Wert der eigenen Person, unabhängig von der permanenten Bestätigung durch andere, konnten Kinder mit dieser Anpassungsstrategie eben nicht entwickeln. Aufgrund
dieses Defizits können sie dann Frustrationen, die Erkenntnis eigener Schwächen und noch nicht entwickelter Fähigkeiten sowie die
Nichtbefriedigung von Bedürfnissen nicht ertragen. Die Entwicklungsphase (etwa im dritten bis vierten Lebensjahr), in der das gran-
diose, illusionäre Selbstbild zusammenbricht, in der eine realistische
Auseinandersetzung mit positiven und negativen Seiten der eigenen
Person, mit den Grenzen der eigenen Möglichkeiten ansteht, kann
nicht erfolgreich durchlaufen werden. Es fehlt die elterliche Unterstützung, die Unzulänglichkeiten und Fehler nicht leugnet, gleichzeitig aber real vorhandene Stärken fördert und lobt.

Beziehungen, die Menschen mit dieser Anpassungsstruktur im
Erwachsenenleben suchen, sind von ihrer als Kind entwickelten
Anpassungsstrategie geprägt:
Sie versuchen, öffentlich ein möglichst glanzvolles Bild abzugeben
und wirken auf den ersten Blick meist charmant, weltoffen und
interessant. Probleme ergeben sich für sie in engeren Beziehungen.
Sie sehen ihre Partner entweder als Verlängerung ihrer eigenen Gran-

diosität – in diesem Falle wird der/die Partner/in überidealisiert, quasi mit einem Heiligenschein versehen und dient als Aushängeschild für die eigene Person – oder als unermüdlich sprudelnde Quelle der Bewunderung für die eigene Größe. „Spieglein, Spieglein an der Wand, sag', wer ist der/die Schönste im Ganzen Land ?" – ein überaus anstrengender Job für den/die jeweilige/n Partner/in.

Emotionale Nähe und Sensibilität für die wirklichen Bedürfnisse des Partners in der Beziehung können sie nur unzureichend aufbauen. Ebenso nehmen sie häufig die positiv unterstützenden Bemühungen des/der Partners/der Partnerin nach einer Weile kaum noch wahr. Oft scheint es so, als könne man in Menschen dieses Anpassungstyps unentwegt positive Zuwendung „hineinschütten", ohne daß diese gespeichert würde: ein Faß ohne Boden, ein auf Sand gebautes Schloß mit schöner Fassade, daß innen keine Räume hat, um Gäste beherbergen zu können, und dessen poröses Fundament die überbrachten Gastgeschenke sofort im Grundwasser versickern läßt.

Ziehen sich Partner von einer derart frustrierenden Beziehung zurück, stellen sie verärgert die permanente Bewunderung ein oder wenden sich gar anderen möglichen Partnern zu, droht die mühselig aufgebaute Fassade zu bröckeln. Narzißten bekommen dann Kontakt zu ihrem bedrohlichen Gefühl innerer Leere und reagieren mit unbändiger Wut schon auf kleinste Anzeichen von Mißachtung oder Verletzung. Diese Wut wäre in ihrer Situation als Kind, in der sie emotional mißbraucht und an der Entwicklung einer eigenständigen Persönlichkeit gehindert worden sind, durchaus angemessen gewesen. Angesichts der oft nur minimalen Verletzungen im Erwachsenenleben wirkt sie jedoch auf Außenstehende völlig unangemessen und unverständlich.

Diese Wut bildet den hervorstechendsten Teil ihrer Eifersuchtsreaktionen. Sie ist verbunden mit massiver Abwertung des Partners/der Partnerin. Bei einem meiner Klienten ging diese Abwertung so weit, daß er im Zustand eifersüchtig-emotionaler Erregung sogar leugnete, jemals eine Beziehung zu seiner Freundin gehabt zu haben, obwohl diese Beziehung faktisch über mehrere Jahre angedauert hatte. Nur nach intensivem Nachfragen gab er zu, sie überhaupt zu kennen.

Narzißten brechen im Falle von Eifersucht bestehende Beziehungen häufig plötzlich und vollständig ab, ohne vorher den Versuch zu unternehmen, bestehende Konflikte zu lösen und sich über gegenseitige Wünsche und Unzufriedenheiten auseinanderzusetzen. Bemühungen wohlmeinender Freunde, die vorsichtige Kritik an diesem Verfahren üben und gute Ratschläge geben wollen, werden als unverschämte Angriffe gewertet und entrüstet zurückgewiesen. Der Umgang mit Menschen des narzißtischen Anpassungstyps in Phasen heftiger Eifersucht ist ein oft frustrierendes Unternehmen und erfordert ein hohes Maß an eigener persönlicher Stabilität, Geduld und Frustrationstoleranz. Nur dann läßt sich hinter ihrer starken Wut und hinter den oft bis ins Absurde überzogenen Vorwürfen die Verzweiflung und Angst erkennen, mit der sie um den Erhalt ihrer grandiosen, selbstherrlichen Fassade kämpfen, die sie vor dem Gefühl der inneren Leere, dem Gefühl, nichts zu sein, bewahrt.

Hier ist professionelle Hilfe gefragt, um diese empfundene innere Leere in einem kontinuierlichen Therapieprozeß Schritt für Schritt zu füllen. Spiegeln individueller Eigenarten, vorhandener Fähigkeiten und aller realitätsbewältigender Lebensäußerungen, die nicht ausschließlich das Blendwerk einer grandiosen Fassade aufrechterhalten, ist hierzu notwendig.

Einen wichtigen Schritt in der nachholenden Persönlichkeitsentwicklung haben Menschen dieses Anpassungstyps dann getan, wenn sie gelernt haben, Beziehungen zu anderen Menschen nicht nur dann wertvoll zu finden, wenn sie der kritiklosen und sofortigen Befriedigung der eigenen Bedürfnisse dienen, wenn sie gelernt haben, auch die Bedürfnisse anderer wahrzunehmen und sie als Menschen zu akzeptieren, die angenehme wie unangenehme Eigenschaften und Verhaltensweisen gleichermaßen haben.

Im Verlauf dieses Lernprozesses wird die aus dem kindlichen Erleben gespeiste Wut und auch Trauer über den Mangel an elterlicher Unterstützung für die Entwicklung einer eigenen Identität wahrgenommen werden. Diese Gefühle anzunehmen und zu verarbeiten und heutiges Erleben von vergangenen schmerzhaften Erfahrungen trennen zu können, bildet die Grundlage, um sich auf Liebesbeziehungen einlassen zu können, ohne beim kleinsten Anlaß von Frustration das Fundament der eigenen Person als torpediert zu erleben. Die vormals heftigen und für Außenstehende wie Partner meist kaum nachvollziehbaren Eifersuchtsgefühle werden sich damit auf das Ausmaß und die Qualität reduzieren, welche der akuten Beziehungsgefährdung entsprechen.

Der hysterische Anpassungstyp

Menschen des hysterischen Anpassungstyps fallen zunächst dadurch auf, daß sie in vielen Situationen überschwenglich und sprunghaft affektiv reagieren. Aus der jeweils gegebenen Situation heraus vermag man oft die Intensität ihres Gefühlsausdrucks nicht zu verstehen. Ihr Ausdruck bekommt dadurch künstliche, nicht autentisch wirkende Züge.

Weiterhin kennzeichnen diesen Anpassungstyp ganz bewußt und schmerzhaft wahrgenommene Unsicherheiten hinsichtlich der eigenen Identität, besonders der Geschlechtsidentität. Oft mag man die von hysterisch strukturierten Menschen beklagten Selbstunsicherheiten gar nicht ernst nehmen, da sie nach außen hin meist den Eindruck erwecken, ausgesprochen aktiv, energisch, selbstbewußt und kontaktfreudig zu sein. Doch dies ist – ähnlich wie beim narzißtischen Anpassungstyp – eine Fassade, die sie im Unterschied zu Narzißten allerdings recht bewußt und absichtlich aufbauen. Gleichzeitig leiden sie unter der Diskrepanz zwischen den nach außen gezeigten „Show-Effekten" und der erlebten inneren Unsicherheit.

Menschen, deren Verhalten und Erleben diesem Anpassungstyp entspricht, sind diejenigen, die ihren Partnern am häufigsten Anlaß zu eifersüchtigem Reagieren geben. Das hindert sie nicht, ihrerseits heftig und mit dramatischen Auftritten zu reagieren, wenn sie sich selbst betrogen glauben. Eifersuchtsphantasien ohne real existierende Rivalen sind recht häufig. Sie dienen der Bestätigung von grundlegenden Lebenseinstellungen wie z. B: „So wie ich bin, mag mich keiner – ich werde über kurz oder lang auf jeden Fall verlassen."

Der Gedanke, sich als Mann oder Frau unzulänglich zu fühlen, tritt bei tatsächlicher oder phantasierter Beziehungsgefährdung in den Vordergrund. Ich hatte oft den Eindruck, daß Menschen mit hysterischer Persönlichkeitsstruktur dazu neigen, Beziehungen einzugehen, die von vornherein als Dreiecksbeziehung angelegt sind. So versuchen sie zum Beispiel eine Beziehung zu Partnern aufzubauen, die ihrerseits bereits verheiratet oder fest gebunden sind. Auch lassen sie sich gerade auf solche Partner ein, von denen sie von Anfang an wissen, daß sie in ihrem gesamten bisherigen Leben immer Schwierigkeiten hatten, sich auf eine Beziehung verbindlich festzulegen.

Der lebensgeschichtliche Ursprung für diese Anpassungsstrategie liegt vermutlich bereits in den ersten zwei Lebensjahren. Mütter von später hysterisch reagierenden Menschen können oft nur schwer mit unzufriedenen, wütenden und unangepaßten Reaktionen ihrer kleinen Kinder umgehen. Aus eigener Unsicherheit heraus wünschen sie sich ein Kind, mit dem sie „einen guten Eindruck machen" können, eines, das eher für ihre emotionalen Nähebedürfnisse da ist als umgekehrt, eines, das sie irgendwo „abstellen" können, wenn es unbequem wird oder gerade nicht gebraucht wird. Zumindest entwickeln manche Kinder die Einstellung, daß es dies ist, was ihre Mütter – genauso wie natürlich auch die Väter, sobald sie in den ersten Lebensjahren Bezugsperson sind – wünschen. Kinder ziehen dann schon sehr früh intuitiv den Schluß: „Irgendetwas stimmt mit mir nicht. Irgendetwas an meiner Person muß meine Eltern veranlassen, mich so zu behandeln." Den aufkommenden Ärger über dieses Abgeschobenwerden drücken sie jedoch kaum aus, da sie sehr richtig erkennen, daß dies nur noch mehr dazu führen würde, unbequem zu wirken und damit abgelehnt zu werden. Ihre Anpassungsstrategie besteht darin, alles zu versuchen, um zu gefallen.

In der Entwicklungsphase, in der sich Mädchen wie Jungen verstärkt die Frage nach der Bedeutung der eigenen Geschlechtszugehörigkeit stellen und sich zunehmend um Kontakt und Auseinandersetzung mit dem gegengeschlechtlichen Elternteil bemühen, sehen Kinder mit dieser Anpassungsstruktur ihre große Chance: Kann es gelingen, Mutter oder Vater kokettierend und flirtend zu „verführen", ihre Zuwendung und Sympathie manipulativ zu gewinnen? Gelingt es eventuell sogar, attraktiver zu sein als der jeweils andere, gleichgeschlechtliche Elternteil?

Durch eigene Unsicherheiten bedingte Probleme von Eltern, mit solchen Manipulationsversuchen umzugehen, äußern sich in unterschiedlicher Weise: Entweder verhalten sich Väter oder Mütter dann äußerst distanziert, was vom Kind als Zurückweisung empfunden wird und in der Regel zunächst zur Eskalation manipulativen Verhaltens und später zu Resignation führt. Oder sie vermitteln unklare, verwirrende Botschaften, die es dem Kind schwer machen, zwischen den Bedürfnissen nach Nähe, nach Anerkennung als Person, nach versorgt werden und nach Sexualität zu unterscheiden.

Die Folgen solcher Unsicherheiten bleiben oft bis ins Erwachsenenalter erhalten. So erzählte mir Katrin, deren Geschichte im ersten Kapitel beschrieben wurde: „Ich verliebe mich sofort in jeden Mann, bei dem ich merke, daß er es irgendwie gut mit mir meint." Sie war, solange Mutters konkurrierende Einstellung dies zuließ, „Vaters kleiner Liebling" gewesen. Allerdings hatte diese Rolle trotz ihres intensiven Wunsches nach seiner Zuneigung in Katrins Erleben immer auch einen faden Beigeschmack gehabt, der typisch ist für die Empfindungen hysterisch strukturierter Menschen: „Ich hatte immer das Gefühl, ein nettes Spielzeug zu sein, das willkommen ist, solange es gebraucht wird. Wenn es lästig wird, wird es dann in irgend eine Ecke gelegt, in eine Kiste gepackt – bis zum nächsten Mal…" Katrin hatte nie das Gefühl, um ihrer selbst willen und mit all ihren positiven und negativen Eigenschaften geliebt zu werden. Sie hatte den unausgesprochenen, unterschwelligen Druck verspürt, sich verstellen zu müssen, um zu gefallen. Bald schon hatte sie beschlossen: „So, wie ich bin, mag mich keiner; wenn andere – v. a. Männer – merken, wie ich wirklich bin, werde ich lästig und werde abgeschoben. Meine tatsächlichen Gefühle muß ich verstecken."

Das Verstecken der eigenen Identität einschließlich der eigenen Gefühle geht dann im späteren Leben manchmal soweit, daß wichtige Gefühle wie Ärger, Trauer, aber auch Freude und Geborgenheit in Situationen, wo sie natürlich und spontan entstehen, nicht mehr wahrgenommen werden. Die eigene Person wird dann als völlig gefühllos und leer empfunden. Um diesen erlebten Mangel auszugleichen, neigen Menschen des hysterischen Anpassungstyps dazu, sich mit Hilfe möglichst dramatischer und teilweise gefährlicher Aktionen in einen Zustand verstärkten Nervenkitzels zu versetzen. Nur so spüren sie, daß sie überhaupt noch leben. Katrin erzählte mir in diesem Zusammenhang, daß sie in ihrer Freizeit eine Menge Sportarten betrieb, die mit erheblicher Verletzungsgefahr verbunden sind. Auch gestand sie, daß es sie in einen geradezu rauschartigen Zustand versetze, wenn sie kleinere Ladendiebstähle begehe. Die aufregendste Phantasie dabei sei die, einmal erwischt zu werden und dann mit dem hinzugezogenen Kaufhausdetektiv oder Polizisten solange intensiv zu flirten, bis er sie straffrei laufen lasse.

Eifersuchtsdramen, heftige Gefühlsausbrüche, Untreuevorwürfe an den Partner und Streitereien mit gelegentlich tätlichen Auseinandersetzungen gehören mit zu diesem Bemühen, das Maß an äußerer Stimulation aufrechtzuerhalten, das notwendig scheint, um das Gefühl erleben zu können, als Person überhaupt zu existieren. Entsprechend beantwortete Katrin meine Frage: „Was wäre, wenn ich jetzt meinen Zauberkasten öffnen und deine Eifersucht innerhalb von zwei Minuten für immer wegzaubern könnte?" – „Du meinst für immer – für immer und ewig? Ja wenn ich da so drüber nachdenke – ich glaube, ich würde mich zu Tode langweilen. Ich müßte was erfinden, was genau so spannend ist."

Eifersucht als Mittel gegen Langeweile, als Stimulation, um sich zu spüren; das ist die erste Funktion, die Eifersucht für Menschen des hysterischen Anpassungstyps hat. Die zweite Funktion besteht in der Reinszenierung von Situationen der Herkunftsfamilie mit dem aktuellen Partner: der Kampf gegen die weibliche/männliche Konkurrenz – auch wenn diese nur in der eifersüchtigen Phantasie besteht – um Vaters/Mutters Liebe. Gleichzeitig quält hierbei das beinahe sichere Wissen, daß dieser Kampf wahrscheinlich aussichtslos ist. Eine fundamentale Einstellung innerhalb des unbewußten Lebensplans hysterischer Menschen wird damit bestätigt: „Meine Beziehungen zum anderen Geschlecht haben keinen Bestand. Ich werde über kurz oder lang verlassen."

Hysterische Menschen sind Spezialisten im Erobern neuer Partner. Sie tun sich dagegen schwer darin, bestehende Beziehungen zu genießen und sie zu stabilisieren oder weiterzuentwickeln. Bewundern und bewundert werden – Animation und Abenteuerurlaub – das sind die Themen, die hysterische Menschen in einer Partnerschaft scheinbar suchen. Auseinandersetzungen mit einem erwachsenen Partner sind ihnen unheimlich. Sie wecken die kindliche Schlußfolgerung: „So wie ich bin, darf ich nicht sein. So will mich keiner." Statt sich auf solche Auseinandersetzungen einzulassen, wechseln hysterisch strukturierte Menschen dann liebenden Partner: Neues Spiel – neues Glück.

Menschen mit der beschriebenen Anpassungsstrategie stellen die Sympathie ihrer Freunde und Partner auf eine harte Probe. So sehr sie deren Aufmerksamkeit und deren Versicherungen benötigen, daß sie wertvoll und liebenswert sind ohne sich besonderer Tricks und Eroberungsstrategien zu bedienen, so sehr werten sie gleichzeitig alle ihnen geltenden positiven Bemühungen ab. Sie scheinen es einfach nicht wahrhaben zu wollen, daß sie, so wie sie sind, geliebt werden. Um diese selbstschädigende Einstellung überwinden zu können, müssen sie zunächst einmal lernen, ihre Wahrnehmung zu erweitern, zu erkennen, wie viel an positiver Zuwendung sie sofort und ungeprüft in den inneren Papierkorb werfen.

Nur dann können Menschen mit hysterischer Persönlichkeitsstuktur die nachhaltige Erfahrung machen, daß sie sich auf den Bestand wichtiger Beziehungen verlassen können, daß sie nicht – wie früher – gebraucht und dann irgendwo abgestellt werden.

Gleichzeitig rate ich Menschen, die diese Erfahrung als Kind gemacht haben, ihre derzeitigen Beziehungen auf ihre Verläßlichkeit hin genau zu überdenken, da ich weiß, daß es eine starke Tendenz gibt, sich im gesamten Leben wieder Beziehungen zu suchen, in denen sie ähnlich ausgenutzt, einseitig gebraucht werden wie als Kind. Hier ist Wachsamkeit auch gegenüber den eigenen Illusionen über bestehende Partnerschaften durchaus angebracht. „Wachsamkeit" meint hierbei ein kritisches Hinterfragen der Bedeutung, die man für den/die Partner/in hat und meint nicht, all seine oder ihre Zuwendungsbemühungen abzuwerten. So finde ich es z. B. durchaus angemessen und keinesfalls Ausdruck von pathologischer Eifersucht, wenn sich jemand, der in seinem Leben häufiger die Erfahrung gemacht hat, von Personen, die er oder sie geliebt hat, ausgenutzt zu werden, fragt: „Bin ich wirklich so wenig wert, daß ich eine Dreiecksbeziehung hinnehmen muß, in der ich als ‚Nebenfrau' oder ‚Nebenmann' nur einen Teil meiner Wünsche und Bedürfnisse realisieren kann?" Ich rate in diesem Fall, solche Beziehungen nicht einfach zu beenden, sondern mit Nachdruck die bisher unbefriedigten und nicht gelebten Seiten der eigenen Person, die verleugneten oder unterdrückten Wünsche auszudrücken und eine Auseinandersetzung mit dem Partner darüber zu beginnen. Ich kann dabei allerdings nicht garantieren, daß dieser Auseinandersetzungsprozeß genau so viel Nervenkitzel mit sich bringt, wie etwa die blindwütende Inszenierung eines von Rachegelüsten genährten Eifersuchtsdramas vom Typ „Medea". Genau dies ist für Menschen des hysterischen Anpassungstyps jedoch das Problem: Es scheint ihnen, als ob das Leben langweilig würde, wenn die dramatischen Aktionen entfallen. Für sie ist es nicht einfach zu lernen, daß es befriedigend ist, „ganz normal" zu sein. Die innere Befriedigung wahrzunehmen, die sich einstellt, wenn man darangeht, die in der eigenen Person angelegten Möglichkeiten Schritt für Schritt weiterzuentwickeln, statt ständig wechselnde und betörend-auffällige Rollen zu spielen, ist eine Aufgabe, der sich hysterische Menschen stellen müssen, wenn sie ihre bisherige Anpassungsstrategie zugunsten langfristig befriedigenderer Strategien verändern möchten.

Der zwanghafte Anpassungstyp

Rigidität, Festhalten an starren Gewohnheiten, Angst vor Veränderungen im eigenen Leben und das Bestreben, die Zeit durch ritualisierte Handlungs- und Gedankenabläufe stark zu strukturieren, sind Merkmale, die Menschen des zwanghaften Anpassungstyps kennzeichnen.

In Situationen, in denen ihre Paarbeziehung durch eine dritte Person gefährdet scheint, fürchten sie weniger den Verlust an Liebe oder Zuwendung als vielmehr den Verlust an Kontrolle und den Verlust einer wohlgeordneten Situation. Sie reagieren mit moralischen Schuldvorwürfen an den Partner, rechnen Fehler und Unzulänglichkeiten vor, möchten feste Regeln für das weitere Zusammenleben vereinbaren. Sie sind dankbare Teilnehmer von Kommunikationstrainings zur Verbesserung von Paarbeziehungen. Zu Hause wird das Gelernte dann ritualisiert umgesetzt: Punkt für Punkt.

Offene Aggression ist ihnen innerlich verboten und macht Angst. Ihre Strategie in Eifersuchtssituationen ist die, den Partner entweder in eine Position zu bringen, in der sie moralisch überlegen und unangreifbar sind oder ihn in der Position eines Kindes ohne eigene Rechte zu halten.

Kindliche Erfahrungen, die solche Einstellungen und Verhaltensweisen begünstigen, waren meist von Zwang und Einengung geprägt. Ängstigende Drohungen haben vor allem die kindliche Neugier, den Drang zum selbständigen Erforschen der Welt, zur Erprobung eigener Fähigkeiten und Grenzen eingeschränkt. Lust und Neugier wurden so von Angst und grüblerischem Zweifel verdrängt: „Darf ich meine Möglichkeiten ausprobieren, darf ich „ich" sein oder muß ich gehorchen?"

In Familien, die Zwangsstrukturen ihrer Kinder begünstigen, ist Abgrenzung und Rebellion entweder moralisch stark tabuisiert – „das tut man bei uns nicht" – oder mit extremen Strafen belegt.

Kinder nehmen die mit ihren Eltern erlebte Beziehung als Modell für die Gestaltung von Beziehungen schlechthin. Auch ihre späteren Liebesbeziehungen versuchen sie nach diesem Modell zu gestalten. So versuchen sie z. B., ihre Partner in die Position eines Kindes zu bringen und verhalten sich diesem „Kind" gegenüber dann genau so, wie sie es selbst als Kind erfahren haben: Sie sprechen ihm/ihr jedwede Eigenständigkeit ab.

Eine andere Strategie besteht darin, gegenüber dem Partner/der Partnerin eine moralische oder auf Kompetenz und Wissen begründete Überlegenheit anzustreben, um ihn/sie so in eine Position zu drängen, in der er/sie nicht mehr wagt, seine/ihre Interessen zu vertreten, da diese dann als offenkundiger Unfug oder eben als unmoralisch erscheinen würden.

Beide Strategien kommen besonders dann zum Tragen, wenn es darum geht, Konflikte in der Beziehung zu bewältigen oder eigene Wünsche durchzusetzen. Die offene Auseinandersetzung wird dann gemieden. Totale Kontrolle oder moralische Vorwürfe sind die „Kampfmittel", die scheinbar garantieren, angstfrei in der Beziehung leben zu können.

Langanhaltende unterschwellige, nicht gelöste Konflikte sind oft die Folge dieser Beziehungssituation. Partner zwanghafter Menschen, die sich ehemals oft gerade wegen deren auch heilsamen, ordnenden und strukturierenden Eigenschaften an sie gebunden hatten, brechen nach einiger Zeit rebellierend aus solchen Beziehungen aus. Die Eifersuchtsreaktionen zwanghafter Menschen entsprechen dann genau ihrem generellen Muster der Beziehungsgestaltung: Entweder sie sperren den Partner/die Partnerin gleich vollkommen ein und versuchen, alle Außenkonakte zu unterbinden oder sie versuchen, ein gigantisches Regelwerk für verbotenes und erlaubtes Verhalten zu etablieren, das bei Verstößen des Partners moralische Ächtung und sonstige Sanktionen festschreibt. Die Probleme, die sich daraus ergeben, sind ohne weitere Erklärung offensichtlich.

Welch extreme Formen solche Sicherungs- und Kontrollregeln annehmen können, wurde mir während einer Paarberatung deutlich:

Der männliche Partner hatte sich darüber beklagt, daß seine Freundin seit Beginn ihrer gemeinsamen Beziehung außer ihm auch anderen Männern ihre Aufmerksamkeit zukommen lasse. Oft rede sie sogar im Verlauf eines Abends fast ausschließlich mit anderen und lasse ihn „links liegen". Auf meine Bitte hin, zu erzählen, was er bisher unternommen habe, um mit diesem Phänomen umzugehen, schilderte er, daß er Regeln für den Umgang seiner Freundin mit anderen Männern aufgestellt habe. Ein Buch zur Verbesserung der Kommunikation in Paarbeziehungen sei ihm dabei sehr hilfreich gewesen. Das Problem sei allerdings, daß seine Freundin sich so gar nicht an diese Regeln halten wolle. Er sei jedoch zuversichtlich, daß ich ihre diesbezügliche Uneinsichtigkeit therapeutisch schon in den Griff bekommen werde.

Besagte Regeln legten z. B. im Detail fest, wie lange sie bei verschiedenen Anlässen andere Männer angucken durfte. Auch die Variationsbreite der Anguckzeiten in Abhängigkeit vom Grad der Bekanntheit und dem Grad der Gebundenheit dieser Männer in eigenen Paarbeziehungen war festgelegt. Die Tabelle der erlaubten Redezeiten mit anderen Männern in der Version A: ohne seine Anwesenheit und der Version B: in Anwesenheit seiner Person konnte er vollständig aus dem Kopf rezitieren. Zudem versprach er, mir eine Kopie dieser auch schriftlich ausgearbeiteten Tabelle zu überlassen, damit ich sie in der Therapie weiterer Paare nutzbringend einsetzen könne.

Ich entschloß mich, dieses Angebot doch besser abzulehnen, was seinen Glauben an meine Fachkompetenz allerdings zunächst erschütterte.

In solch einer Konstellation ist es das wichtigste Ziel, Zwang und Kontrolle vollständig aufzugeben. Im oben beschriebenen Beispiel löste dies beim männlichen Partner zunächst Angst aus, in der Beziehung in verschiedener Hinsicht zu versagen. Seine Freundin reagierte gleichermaßen mit Angst auf diese neue ungewohnte Situation, und zwar mit Angst vor der nun aufkommenden größeren Nähe. Nach und parallel zur Auseinandersetzung mit dieser schon als Kind erlebten Versagensangst konnte der männliche Partner auch seinen alten Ärger auf Einschränkungen und Verbote wiedererleben und verarbeiten. Damit eröffnete sich in seinem heutigen Leben eine Perspektive, welche zur Überwindung seiner zwanghaften Anpassungsstrategie von zentraler Bedeutung war: die Wiederentdeckung lange verleugneter und unterdrückter Seiten seiner Person: Lust auf Sexualität und eine innere gewährende Haltung, die Neugier und Experimentierfreude förderte.

Die Einsicht stellte sich ein, daß das Aufgeben von Kontrolle über den Partner auch das Aufgeben einengender Kontrolle über die eigenen Gefühle, die früher unter elterlichem Verbot gestanden hatten, bedeutet. Aus der inneren Haltung heraus, genießen zu können und zu dürfen, minderte sich auch seine Angst, in der Beziehung zu seiner Freundin ständig zu kurz zu kommen. Seine Eifersuchtsgefühle reduzierten sich beträchtlich.

Zusammenfassung

Betrachtet man die Eifersuchtsreaktionen der beschriebenen Anpassungstypen zusammenfassend, wird deutlich, daß im Falle einer tatsächlichen oder vermeindlichen Beziehungsbedrohung alte, kindliche Ängste aktiviert werden. Eifersuchtsreaktionen und das innere Erleben von Eifersucht geben deshalb immer auch Aufschluß über die grundlegenden Lebensstrategien zur Bewältigung dieser ursprünglichen Ängste.

Aufgrund unterschiedlicher kindlicher Erfahrungen stehen dabei unterschiedliche Grundformen der Angst im Vordergrund[18]:

Beim depressiven Anpassungstyp ist es die Angst, sich zu einer eigenen, von anderen abgegrenzten Person zu entwickeln.

Beim narzißtischen Anpassungstyp ist es die Angst vor innerer Leere und dadurch bedingt die Angst, die eigene Grandiosität aufzugeben.

Beim hysterischen Anpassungstyp ist es die Angst, die individuellen Möglichkeiten zu entfalten, so zu werden, wie man ist und die manipulativen Rollen aufzugeben.

Beim zwanghaften Anpassungstyp ist es die Angst, Ansprüchen anderer nicht zu genügen, zu versagen oder unmoralisch zu sein, wenn man den expansiven und lustvollen Seiten der eigenen Person Gewicht verleiht.

6 Eifersucht und Paarbeziehungen

In der bisherigen Betrachtung war der Blick auf den einzelnen eifersüchtigen Menschen gerichtet; auf die individuellen Entwicklungsbedingungen und die Bedeutung, die Eifersucht innerhalb seiner Persönlichkeitsorganisation hat.

In diesem Kapitel soll die Bedeutung von Eifersucht für bestehende Paarbeziehungen näher betrachtet werden. Dabei werden jene Prozesse und Konflikte angesprochen werden, die durch eifersüchtiges Reagieren eines oder beider Partner häufig überspielt werden oder ihrem Bewußtsein verborgen bleiben. Gleichzeitig wird jedoch auch die nicht immer offensichtliche positive Funktion erläutert, die Eifersucht für den Bestand einer Beziehung zumindest eine Zeit lang haben kann.

Eifersucht als Ablenkungsmanöver

Anhaltende Auseinandersetzungen um die Eifersucht eines Partners, damit verbundene Ängste des anderen, Wutausbrüche, Liebesbeteuerungen, Grübeleien und Selbstzweifel – dies alles sind Aktivitäten, mit denen Partner in einer Paarbeziehung ihre Zeit verbringen können. Mitunter verbrauchen diese Aktivitäten so viel an Zeit und psychischer Energie, daß Konflikte und Unzufriedenheiten in und mit der Partnerschaft, die lange, bevor Eifersucht – egal ob mit oder ohne den realen Anlaß der Untreue – eine Rolle spielte, darüber vergessen werden. Sie scheinen plötzlich nicht mehr wichtig. Eifersucht verhindert oft sogar, daß solche Konflikte und Unzufriedenheiten überhaupt bemerkt werden. So sind die Auseinandersetzungen um die vermutete Untreue eines Partners, die Rechtfertigungsdebatten und die Klagen um mangelnde Zuwendung und Aufmerksamkeit oft nur Scheingefechte, welche die eigentlichen Probleme in der Paarbeziehung aus dem Bewußtsein verdrängen.

Ein anschauliches Beispiel hierfür beschrieb mir Katrin. Lange bevor sie begonnen hatte, sich und ihren Freund mit intensiven Eifersuchtsphantasien zu quälen, hatten beide sich darüber Gedanken gemacht, ob sie langfristig zusammenbleiben wollten oder nicht. Sie hatte damals große Bedenken, die einerseits in grundlegenden weltanschaulichen Differenzen und andererseits in sexueller Unzufriedenheit begründet waren. Auch ihr Freund hatte starke Bedenken, da er keine Kinder mit ihr haben wollte. Katrin hatte den Wunsch nach einem gemeinsamen Kind zur Bedingung eines weiteren Zusammenlebens mit ihm gemacht. Ihr Freund hatte daraufhin mehrfach geäußert, er werde sich eher von ihr trennen, als ihre permanente Unzufriedenheit infolge nicht erfüllten Kinderwunsches zu ertragen. Diese Äußerungen waren zwar Anlaß gewesen für ihre Phantasien, er sei nun fortan heimlich unentwegt auf der Suche nach einer anderen Frau, sie führten jedoch nicht zu Gesprächen über die offensichtlichen Differenzen in der Paarbeziehung. Im Gegenteil: Als ich Katrin wenig später fragte, ob sie ihre Unzufriedenheiten noch einmal mit ihrem Freund besprochen habe, ob sie z. B. herausgefunden habe, warum er kein Kind mit ihr wolle, verneinte sie dies mit dem Argument, daß Gespräche zur Zeit wegen der beidseits gereizten Stimmung gar nicht möglich seien. Auch habe sie überhaupt keine Zeit, sich über ihren Kinderwunsch Gedanken zu machen, da sie viel zu sehr mit Eifersuchtsphantasien beschäftigt sei.

Katrins Freund kam dieser „Zeitmangel" gerade recht, war doch das aus seiner Sicht unangenehme Thema „Kinderwunsch" damit vorerst vom Tisch. Dazu kam eine durch frühere Erfahrungen bedingte, tiefsitzende Angst, sich verbindlich auf eine langfristige Beziehung einzulassen. Katrin lieferte ihm durch ihre dramatischen Eifersuchtsattacken immer wieder den unbewußt willkommenen Vorwand, sich zur Zeit noch nicht ganz auf sie einlassen zu können. Er müsse erst noch herausfinden, ob er mit ihrer Emotionalität auf Dauer umgehen könne. Auch mit seiner Scheu vor Menschen, seiner Abneigung gegen größere Feste und gemeinsame Verabredungen brauchte er sich nun nicht mehr auseinanderzusetzen: Die Abende waren vollkommen ausgefüllt mit Streit um Eifersucht, Rückzug, erneutem Streit usw. Für Verabredungen blieb da kein Raum.

Die Beschäftigung mit Eifersucht verhinderte so die Lösung der Probleme jedes einzelnen wie auch der Paarprobleme. Sie garantierte jedoch gleichzeitig, daß beide sich über Ärger und Streit aneinander gebunden fühlten. So hielten sie Kontakt und gleichzeitig emotionale Distanz zueinander.

In solchen Situationen werden professionelle Berater, Therapeuten und auch Freunde häufig dazu mißbraucht, die Fixierung aller Gedanken und Gefühle auf Eifersucht zu bestätigen und zu unterstützen. Gespräche über Lösungen für zugrundeliegende Paarprobleme werden dabei vermieden.

Eine Klientin, die allabendlich im Freundeskreis lange Klagelieder über ihre Eifersucht angestimmt hatte, forderte ich einmal auf, mir zu versichern, daß sie in den nächsten zwei Wochen mit ihren Freunden nicht einen Satz über Eifersucht reden werde. Während sie mich verblüfft ansah, fragte sie: „Ja und was soll ich dann da? Was red' ich denn dann mit denen?"

Was tatsächlich zu bereden und zu bedenken wäre, sind die schon vor den Auseinandersetzungen um Eifersucht vorhandenen Probleme. Fragen, die alleine, mit dem Partner und natürlich auch mit Unterstützung von Freunden zu beantworten wären, sind z. B:

Was erlebe ich als positiv, was als negativ am Partner?

Wo erlebe ich die Beziehung als Bereicherung, wo als Beschränkung?

Was gebe ich in der Beziehung?

Welche meiner Erwartungen werden in dieser Beziehungen erfüllt und welche nicht? Bestehen grundlegende Differenzen hinsichtlich der gegenseitigen Erwartungen?

Welche Idealvorstellungen über Beziehungen bestehen, und werden sie geteilt?

Wo liegt das größte, bisher ungelöste Problem in unserer Beziehung; was haben wir einzeln und gemeinsam bisher getan, um es zu lösen?

Können wir uns überhaupt über unsere Beziehungsprobleme unterhalten?

Die wichtigsten Fragen, auf die eine Antwort gefunden werden muß, sind dabei diejenigen nach den gegenseitigen Erwartungen. Werden in einer Paarbeziehungen aneinander gerichtete Erwartungen enttäuscht, entstehen leicht Selbstzweifel oder Enttäuschung, Ärger,

Verlustangst und die Idee, nicht mehr geliebt zu werden; kurz: alle Gefühle und Gedanken, die wir zur Eifersucht rechnen. Die Idee, der Partner/die Partnerin liebe eine andere Person mehr als einen selbst, liegt dann nicht mehr sehr fern.

Relativ leicht läßt es sich dabei noch über solche Erwartungen reden, von denen man allgemein annimmt, daß sie in einer Paarbeziehung selbstverständlich geklärt sein sollten. Die Erwartung etwa, daß der Partner einen liebt, wertvoll und attraktiv findet, ist wohl kaum umstritten. Gelegentlich wundere ich mich allerdings schon, wie viele Partner eine Beziehung miteinander haben, wo selbst diese gegenseitige Erwartung über lange Jahre nicht erfüllt wird.

Weitere Erwartungen können sich beziehen auf die Organisation des Zusammenlebens, die Verteilung von Aufgaben und Verantwortlichkeiten, die gemeinsame Zukunftsgestaltung, die materielle Sicherung. Auch Erwartungen bezüglich der gemeinsam zu verbringenden Zeit, des Ausmaßes an gegenseitig zugestandenen selbständigen Aktivitäten und Außenkontakten gehören hierher.

Schwieriger wird dann meist der Austausch und die Einigung über gegenseitige Erwartungen sexueller Art, und noch schwieriger wird die Kommunikation über das, was jeder dem anderen gefühlsmäßig geben kann und was er/sie erhofft, emotional zu bekommen.

Schwierig wird dieser Austausch nicht nur deshalb, weil die meisten von uns bei all unserer intellektuellen und lebenspraktischen Ausbildung, die wir in unserem Leben genossen haben, auf diesem Gebiet recht ungeübt sind, sondern auch, weil hier heimliche Erwartungen, die oft nicht einmal demjenigen, der sie hegt, bewußt sind, eine große Rolle spielen.

Heimliche Erwartungen

Vielleicht ist der Begriff „Erwartungen" nicht ganz zutreffend. Gemeint sind Verhaltensweisen und aufeinander bezogene Gefühlsreaktionen der Partner, die von außen betrachtet in ihrem Zusammenwirken so aussehen, als würden die Partner bestimmte Erwartungen aneinander hegen oder als würden sie bestimmte Idealvorstellungen über Paarbeziehungen als verbindlich ansehen. „Heimlich" nenne ich solche Erwartungen, da sie den Partnern meist nur dann bewußt werden, wenn Außenstehende sie mehrfach darauf ansprechen, und wenn sie ein gewisses Maß an Sensibilität für ihre eigenen Gefühle und Einstellungen entwickeln können.

Eifersucht entsteht dann, wenn bewußte oder unbewußte Erwartungen enttäuscht werden. Geschieht dies über einen längeren Zeitraum, ohne daß in einer gemeinsamen Auseinandersetzung entweder die Erwartungen verändert oder erfüllt wurden, stellen sich zunächst Gefühle von Enttäuschung, Verlust und Verärgerung ein. Treffen diese auf entwicklungsbedingte Unsicherheiten hinsichtlich der eigenen Identität, kommt es, wie im vorangegangenen Kapitel beschrieben, zu skriptgebundener Eifersucht.

Diese bekommt dann in der Paarbeziehung oft die Funktion, die intensive Beschäftigung mit dem Partner aufrechtzuerhalten. Die Bindung wird so nicht nur durch die Verlustangst des einen Partners und dessen Versuche, sich verstärkt anzuklammern aufrechterhalten, sondern auch durch Ärger. Bindend wirkt dabei sowohl der Ärger des eifersüchtigen Partners auf die vermutete Untreue des anderen als auch dessen Ärger aufgrund der Vorwürfe und Kontrollversuche des Eifersüchtigen. Verbunden ist damit die heimliche Hoffnung, durch diese intensive Beschäftigung miteinander doch noch irgendwann einige der ebenso heimlichen Erwartungen erfüllt zu bekommen. Wird diese Erwartung enttäuscht, steigert sich die Eifersucht, und es beginnt ein Kreislauf eskalierender Enttäuschungs- und Eifersuchtsreaktionen. Damit steigt die Gefahr, daß mindestens einer der Partner allein deshalb die Beziehung verläßt, weil er oder sie dieses eskalierende Drama nicht mehr aushält.

Wenn Paare eine solche Entwicklung verhindern wollen, müssen sie ihre heimlichen, unausgesprochenen gegenseitigen Erwartungen zunächst einmal kennen.[19] Einige der häufigsten sind deshalb im folgenden beschrieben.[20]

1. Die erste heimliche Erwartung besteht darin, der Partner möge den Wert und die Existenz der eigenen Person bestätigen. Diese Erwartung bildet sicher die Grundlage jeder Liebesbeziehung. Problematisch wird sie, wenn erwartet wird, der Partner solle dies ununterbrochen tun, wenn zudem seine diesbezüglichen Bemühungen aufgrund früherer negativer Erfahrungen nicht für aufrichtig gehalten werden oder wenn er/sie der/die einzige ist, den/die man als Quelle der Bestätigung dafür ansieht, daß man ein Recht hat, überhaupt auf dieser Welt zu sein.

117

In der Phase intensiver Verliebtheit zu Beginn einer Paarbeziehung werden solche oft gegenseitigen Erwartungen meist noch erfüllt. Entwickelt sich die Beziehung jedoch weiter und entdeckt ein Partner oder beide, daß sie auch außerhalb und unabhängig von der Beziehung Wünsche, Interessen und das Bedürfnis nach eigenständigen Erfahrungen haben, wird die Erwartung der permanenten Bestätigung enttäuscht werden. Eifersuchtsreaktionen stellen sich in dieser Situation dann ein, wenn einem Partner die notwendige Identitätsstabilität fehlt, diese Erwartung aufzugeben. Eifersuchtsreaktionen dienen, auch wenn dies nicht bewußt geplant war, in diesem Fall als Druckmittel, um den Partner in die alte Rolle des Bestätigers für den eigenen Wert zurückzuzwingen.

2. Schwieriger wird die Beziehungssituation noch, wenn Menschen mit der beschriebenen Erwartung mit einem Partner zusammenleben, der seinerseits auf die Erfüllung einer ganz anderen heimlichen Erwartung hofft; der darauf hofft, daß seine/ihre Bemühungen um Selbstverwirklichung, sein/ihr Bemühen darum, nach jahrelang erlebter Bevormundung durch die Eltern nun endlich erwachsen zu werden, mit Hilfe der Partnerschaft verwirklicht werden könne. Auch gegen diese Erwartung ist zunächst nichts einzuwenden, und sicherlich können sich Partner in dieser Hinsicht tatsächlich vielfältige Unterstützung geben, wenn dies in offener Form besprochen werden kann und die Unterstützung nicht einseitig auf Kosten eines Partners geht. Problematisch wird die Erwartung dann, wenn sie unausgesprochen verlangt, der Partner solle für die gesamte Selbstverwirklichung unter Vernachlässigung eigener Entwicklungen hauptverantwortlich sein, er oder sie solle alle eventuell damit verbundenen Frustrationen und emotionalen „Abstürze" auffangen und kompensierend nachholen, was in der bisherigen Entwicklung vermeintlich zu kurz gekommen ist. Dies ist eine Überforderung der Beziehung und des Partners, die bei diesem entweder zu Ärger und Distanz führt oder verstärktes Anklammern und tatsächliche Einengung fördert, falls er/sie seinerseits an der anfangs beschriebenen Erwartung der permanenten Bestätigung festhält.

3. Ein weiterer heimlicher Wunsch ist der, der Partner solle zum Garant für körperliche und emotionale Nähe werden. Und wer würde sich das nicht wünschen: einen Partner/eine Partnerin, dem/

der er oder sie körperlich und emotional nah sein kann? Das Problem beginnt wiederum da, wo nicht nur Nähe, sondern symbiotische Verschmelzung gesucht wird, wo Liebe definiert wird als: „Nur mit dir und durch dich kann ich leben." Diese innige Verschmelzung, die vielleicht in Zeiten der frühen Kindheit vermißt wurde oder der noch immer nachgetrauert wird, ist für Kinder eine Zeitlang notwendig zum Aufbau einer stabilen Identität. Auch im Erwachsenenalter kann sie zuweilen im Sinne einer nachholenden Entwicklung noch notwendig und überdies höchst angenehm sein. Als Dauerzustand einer Beziehung ist sie jedoch entwicklungshemmend, da sie keine autonomen Regungen der einzelnen Individuen zuläßt, da sie Nähe verknüpft mit dem Anspruch, ausschließlich füreinander und für die gegenseitige Befriedigung der Bedürfnisse da zu sein. Menschen, die mit diesem heimlichen Anspruch eine Paarbeziehung eingehen, erleben sich meist als so wenig vom anderen getrennt, daß sie oft Geben und Nehmen verwechseln: Sie geben, wenn sie emotional eigentlich Zuwendung bekommen möchten, und sie nehmen und fordern Zuwendung, während sie denken, daß sie eigentlich geben. Dies führt zu mancherlei Mißverständnissen in der Beziehung, zu Unzufriedenheiten, Enttäuschungen und letztlich zu dem eifersüchtigen Gedanken, daß der Partner sie eben doch nicht richtig liebe und wahrscheinlich schon heimliche Untreuegedanken hege.

In einer Variante dieser Näheerwartung verhalten sich Partner überwiegend passiv und erwarten, daß der/die andere die volle Verantwortung für die Herstellung von Nähe übernimmt. Gleichzeitig soll er/sie dann auch noch richtig raten, welches Bedürfnis er/sie bei seinen/ihren Zuwendungsbemühungen befriedigt haben möchte. Rät er/sie falsch, wird das als Zeichen gewertet, daß er oder sie eben nicht die „wahre Liebe" empfindet.

In diesem Zusammenhang berichtete mir der Ehemann einer Arbeitskollegin, daß er sich immer ganz krank fühle, wenn seine Frau sich ihm gegenüber distanziert verhalte. Einmal habe er ihr erzählt, wie elend er sich fühle. Daraufhin habe sie ihm eine Suppe und Kamillentee gekocht. Eigentlich habe er aber eher an Sex mit ihr gedacht. Daß sie nicht auch gleich auf diese Idee gekommen sei, zeige, wie wenig ihr an ihm noch gelegen sei. Seine daraufhin einsetzenden eifersüchtigen Phantasien, was sie in seiner Abwesenheit wohl alles mit anderen Männern treibe, seien doch wohl ganz normal.

Ganz normal waren lediglich seine sexuellen Wünsche. Die Erwartung, sie möge diese Wünsche erraten und dann entsprechende Aktivitäten starten, ist zwar nicht selten, förderlich für die Herstellung größerer Nähe in einer Paarbeziehung ist diese passive Haltung allerdings nicht. Auch eifersüchtiges Phantasieren löst das Problem keineswegs. Es schafft nur noch mehr Distanz.

Eine weitere Folge der heimlichen Erwartung nach symbiotischer Verschmelzung mit dem Partner/der Partnerin, nach exklusiver immerwährender Zuwendung und Befriedigung ist die Skepsis und Abwertung von Freundschaften, welche der/die Partner/in außerhalb der eigenen Beziehung hat. Vor allem gegengeschlechtliche Freunde werden nicht als Bereicherung, als notwendige Ergänzung zu dem, was man in der eigenen Beziehung mit dem Partner entwickeln kann, angesehen, sondern als Konkurrenten, welche die Exklusivrechte auf den Partner/die Partnerin streitig machen. Diese Einstellung bezieht sich nicht nur auf aktuelle Freunde, sondern kann sich mitunter auch auf vergangene Freundschaften und vor allem auf frühere Partnerschaften beziehen. Menschen mit dieser Einstellung reagieren eifersüchtig auf ehemalige Paarbeziehungen ihres/ihrer Partners/Partnerin. Das Ausleben dieser Gefühle verhindert, daß der Stellenwert, den vorangegangene Partnerschaften hatten, mögen sie noch so unerfreulich geendet sein, anerkannt und gewürdigt wird. So bleibt zum Beispiel der erste Mann einer Frau, mit dem sie zusammengelebt hat, eben ihr erster Mann. Er hat seine Bedeutung, indem das Zusammenleben sie und ihre Einstellung zum Leben, zu Männern und zu Fragen der Familienplanung beeinflußt haben – und zwar auch über die gemeinsame Zeit hinaus und völlig unabhängig von der Tatsache, daß die gemeinsam gelebte Beziehung aus und vorbei ist. Gelingt es ihr und v. a. einem neuen Partner nicht, diese Tatsache anzuerkennen und in ihren positiven wie negativen Aspekten zu akzeptieren, wird dies Anlaß sein nicht nur zu eifersüchtigen Reaktionen auf diesen Mann – das wäre vielleicht noch zu verkraften – sondern auf alle Männer, die ihm in irgend einer Weise ähnlich sind.

4. Wenden wir uns nun einer weiteren heimlichen Erwartung zu, deren Nichterfüllung zu Eifersuchtsreaktionen führt: der Erwartung, der Partner/die Partnerin solle dafür sorgen, daß man selbst sich als

vollwertige/r Mann oder Frau fühlt. Dieser Erwartung liegt meist ein entwicklungsbedingter Mangel an Sicherheit bezüglich der eigenen Geschlechtsidentität zugrunde. Gelegentlich entstehen solche Erwartungen jedoch auch dann, wenn Paare entsprechende Wertvorstellungen über eine ideale Partnerschaft im späteren Lebensalter von außen übernehmen.

Auch diese Erwartung erscheint auf den ersten Blick ganz unproblematisch. Natürlich erwartet man vom Partner/von der Partnerin, daß er/sie einen als Mann bzw. Frau attraktiv findet. Probleme entstehen in Partnerschaften jedoch dann, wenn der Partner die einzige Quelle der Bestätigung für die eigene Männlichkeit/Weiblichkeit ist und wenn er/sie diese Bestätigung auch noch gegen die Grundüberzeugung des jeweils anderen Partners/der Partnerin erbringen muß. Gegen die lange gepflegte Überzeugung, als Mann oder Frau aus irgendeinem Grunde minderwertig zu sein, nicht genügen zu können, zu versagen, können noch so ehrlich gemeinte Versicherungen des Partners/der Partnerin meist nichts ausrichten. Sie werden nicht geglaubt.

Verstärkt wird diese Problematik, wenn sexuelle Lust von einem oder beiden Partnern als einziger Maßstab für das Funktionieren der Beziehung und für das Gefühl, als Mann oder Frau vollwertig zu sein, angesehen wird. Jede momentane Nichtbefriedigung sexueller Lustbedürfnisse wird dann argwöhnisch zum Anlaß genommen, an der Liebe des/der anderen oder am eigenen Wert zu zweifeln. Sexualität wird dabei reduziert auf die lustvollen Höhepunkte des Geschlechtsverkehrs. Zärtlichkeit, erotische Ausstrahlung und der Genuß körperlicher Nähe bleiben auf der Strecke. Unterstützt durch diverse mediengestützte Kampagnen einschlägiger Erotik-Konzerne wird dann die Häufigkeit des gemeinsamen Orgasmus oder die Penislänge zum Gradmesser für den eigenen Wert als Mann oder Frau.

Übersehen wird dabei, daß Männlichkeit oder Weiblichkeit mehr bedeutet als die Fähigkeit, gegengeschlechtlich orientierte sexuelle Lust verschaffen oder erleben zu können. Übersehen wird auch, daß in einer Paarbeziehung auf Dauer sexuelle Befriedigung eher die erfreuliche Folge einer gelungenen gemeinsamen Entwicklung als Paar, gelungener Konfliktlösungen und Versuche, sich auseinander- und wieder zusammenzuraufen ist als deren Voraussetzung.

Die ausschließliche Beschäftigungen eines Paares mit der einseitigen oder gegenseitig gezeigten Eifersucht, mit der Unterstellung, man genüge dem Partner/der Partnerin als Mann oder Frau nicht mehr, raubt oft Zeit und Energie, die sinnvoller investiert wäre in Gesprächen mit dem Partner über unterschiedliche Interessen und Bedürfnisse, über Enttäuschungen und eigene Pläne. Die emotionale Sicherheit, die notwendig ist, mit ihr oder ihm darüber hinaus über eigene Ängste und Unsicherheiten, über empfundene Unzulänglichkeiten als Frau oder Mann zu reden, wird durch Eifersuchtsdramen so stark untergraben, daß diese Themen in der Beziehung meist keinen Platz finden. Statt dessen wird versucht, über die Intensivierung der sexuellen Aktivitäten eine Art gegenseitigen Liebesbeweis anzutreten, in der Hoffnung, diese Bemühung werde vom Partner mit verstärkter Bewunderung für männliche oder weibliche Eigenschaften belohnt. Im Endeffekt wird dadurch jedoch genau das Gegenteil erreicht: Die gemeinsamen sexuellen Aktivitäten geraten unter einen derart hohen Erwartungsdruck, gefallen zu müssen, daß schon bald gar nichts mehr geht. Verbindet sich diese Erfahrung dann mit der Idee, sexuell unattraktiv zu sein und mit der Idee, der Partner/die Partnerin müsse sich darum über kurz oder lang jemand anderen suchen, kommt es auch hier zu eskalierenden Eifersuchtsgefühlen und -reaktionen.

5. Eine andere heimliche Erwartung an Partnerschaften wird von Menschen gestellt, die seit ihrer Kindheit das Gefühl hatten, „nicht dazuzugehören". Ob es sich um die eigene Familie, den Kreis der Geschwister oder um Freunde und Schulkameraden gehandelt hat: Überall fühlten sie sich ausgeschlossen und fremd. Ihre Erwartung besteht darin, eine Partnerschaft könne dieses Grundgefühl kompensieren. Sie hoffen, daß der/die Partner/in ihnen die Sicherheit verschaffen kann, nicht nur zu ihm oder ihr zu gehören, sondern auch zu anderen sozialen Gruppen. Man hofft, dort mit seiner oder ihrer Unterstützung aufgenommen und akzeptiert zu werden. Schon bei der Partnerwahl wird dieses Auswahlkriterium intuitiv und unbewußt berücksichtigt.

Diese heimliche Erwartung wird im Beispiel des Ehepaares Franz und Marion S. im ersten Kapitel deutlich. Zu Beginn ihrer Beziehung war Marion diejenige, welche sich in neuer sozialer Umgebung unsicher und ausgeschlossen fühlte. Die scheinbare Sicherheit, mit der ihr Mann gegenüber seinen Berufskollegen auftrat, faszinierte sie. Sie hoffte heimlich, davon profitieren zu können, fühlte sich in seiner

Anwesenheit sicher und unangreifbar. Im Laufe ihrer Beziehung stellte sich jedoch heraus, daß sie über wesentlich mehr Spontanität und eine größere Fähigkeit als er verfügte, auf unbekannte Menschen zuzugehen und neue Kontakte zu schließen. Seine anfänglich von ihr bewunderte Sicherheit war gebunden an ganz bestimmte Freunde, die ihn wegen seiner beruflichen Erfolge bewunderten. In fremder Umgebung zeigte er sich plötzlich ausgesprochen schüchtern und zurückhaltend. Marion war es nun, die, angeregt durch seine anfänglichen Ermunterungen, ihre Kommunikations- und Kontaktfähigkeiten neu entdeckte und dafür sorgte, daß Franz sich im Kreise ihm unbekannter Menschen nicht ausgeschlossen fühlte. Sie stellte ihn vor, versuchte, ihn in Gespräche einzubeziehen, munterte ihn auf, wenn er sich zurückziehen wollte und bedachte ihn mit besonderer Zuwendung, wenn er sich unwohl fühlte. Er nahm das als selbstverständlich hin; seine heimliche Erwartung wurde erfüllt. Mit der Zeit jedoch fühlte sich Marion in dieser Rolle, die sie sehr bewußt wahrnahm, eingeengt und kümmerte sich mehr um ihre eigenen Kontaktinteressen. Je mehr sie sich einen eigenen Freundeskreises aufbauen konnte, desto mehr ließ sie in ihren Bemühungen nach, sich um Franz' Wohlergehen in neuer sozialer Umgebung zu kümmern. Nicht, daß sie ihn nicht mehr liebte; aber sie wollte diese Rolle aufgeben und mehr auch ihren eigenen Interessen nachkommen. Franz registrierte diese Entwicklung sofort mit eifersüchtigem Argwohn und versuchte, ihre Aktivitäten außerhalb des Hause zu überwachen und sie durch vehementes Klagen über Vernachlässigung in die gewohnte Rolle zurückzuzwingen.

Für Marion, die es durch ihre Erziehung gewohnt war, daß Liebe nur zu erhalten sei, wenn sie sich zuvor ganz besonders um die Bedürfnisse des anderen gekümmert hatte, war dieser Ausbruch aus ihrer anfänglich etablierten Eherolle sicherlich ein persönlicher Gewinn. Franz S. benötigte eine ganze Weile, bis er diesen Schritt auch als eine Chance für seine eigene Entwicklung, für die Entwicklung der eigenen Fähigkeit, Kontakte herzustellen und sich zugehörig zu fühlen, werten konnte.

Beide leben heute noch als Paar zusammen. Er hat es inzwischen gelernt, in neuer sozialer Umgebung für sich selbst zu sorgen. Derart entlastet, wurde es Marion auch wieder möglich, mehr auf ihn zuzugehen und die anfänglich doch etwas provokativ inszenierten Selbständigkeitsversuche auf ein Maß zu begrenzen, bei dem gemeinsame Aktivitäten und gegenseitige Unterstützung nicht zu kurz kommen. Ihr Studium hat sie inzwischen erfolgreich abgeschlossen.

6. Die Erwartung, der Partner könne eigene vermeintliche Schwächen ausgleichen, könne die Verantwortung in Situationen übernehmen, in denen man selber aufgrund dieser Schwächen hilflos sei, bezieht sich oft auch auf die persönlichen Fähigkeiten des Denkens und des Fühlens.

Es gibt Partnerschaften, von denen man zumindest als Außenstehender den Eindruck gewinnt, es sei ein Partner für die Gefühle und der/die andere für das Denken und Problemlösen zuständig. Das intuitive gefühlsbetonte Erfassen von Problemsituationen, die Fähigkeit, ausgleichend, tröstend und verständnisvoll zu reagieren wie auch die Fähigkeit, Ärger bei bestehenden Unstimmigkeiten wahrzunehmen und anzusprechen, wird dabei traditionell mit der weiblichen Rolle assoziiert; die Zuständigkeit für das intellektuelle Durchdringen von Situationen, für organisatorische Arrangements und für gedankliche Problemlösungen eher mit der männlichen. Im tatsächlichen Leben kann dies jedoch durchaus andersherum vorkommen.

Oft bestehen solche Partnerschaften ohne größere sichtbare Probleme über Jahre hinweg. Nicht selten baut sich aber bei jedem der beiden Partner eine heimliche Unzufriedenheit mit dieser Aufteilung auf. Diese beruht zum einen darauf, daß die vermeintliche eigene Schwäche als anhaltende Minderwertigkeit im Vergleich mit dem Partner gesehen wird und zum anderen auf dem Ärger darüber, in der Beziehung andauernd für einen Teilbereich alleine zuständig zu sein, ohne dies eigentlich zu wollen. Der eine Partner möchte nicht mehr alleine die gesamte emotionale bzw. problemlösende Last der Beziehung tragen müssen.

Diese Unzufriedenheiten führen entweder zu einem Ausbrechen eines Partners aus der gewohnten Rollenaufteilung, zur Weigerung, die ihm zugedachten und anfänglich auch bereitwillig übernommenen Aufgaben weiterhin zu erfüllen, oder sie führen zu abwertenden Anklagen in Richtung des Partners/der Partnerin, der/die dann entweder als „emotionaler Holzklotz" oder als „kleines Dummchen" beschimpft wird. Im ersten Fall fühlt sich ein Partner im Stich gelassen, im zweiten Fall abgewertet. Wendet sich der andere Partner dann noch verstärkt dritten Personen zu, bei denen er/sie sich emotional besser verstanden bzw. intellektuell mehr angeregt fühlt, ist es nur zu verständlich, wenn der zurückbleibende Partner eifersüchtig reagiert, da er/sie sich nicht mehr so wie er/sie ist geliebt sieht. Und dies entspricht auch durchaus den Tatsachen. Sein/ihr Partner wünscht sich eine ihm/ihr gleichwertige Person, die all ihre Fähigkeiten entwickelt und in die Beziehung einbringt.

Eifersucht allein ist in dieser Situation kein taugliches Mittel, die persönliche Entwicklung beider Partner zu fördern. Besonders diejenigen eifersüchtigen Reaktionen, die den ursprünglichen Zustand wiederherstellen sollen, die den Partner aus Mitleid oder schlechtem Gewissen zur Akzeptanz der gewohnten Rolle zwingen sollen, führen ein Paar nicht aus dieser Krise heraus.

Notwendig ist vielmehr, daß beide Partner sich mit ihren persönlichen Ängsten, die entweder Denken oder Fühlen als gefährlich erscheinen lassen, auseinandersetzen, oder daß sie sich eventuell auch von alten elterlichen Zuschreibungen distanzieren, Denken oder Fühlen sei eben nicht ihre Stärke.

Beide Partner können sich in dieser Entwicklung gegenseitig dadurch unterstützen, daß jeder sich selbstkritisch fragt und beobachtet, in wieweit er die beim anderen vemißte Eigenschaft sehr aktiv unterdrückt und vielleicht, ohne es bewußt zu wollen, boykottiert. Die entscheidenden Schritte muß jedoch jeder der beiden selbst auch gegen den gewohnheitsmäßig eingespielten Widerstand des anderen unternehmen.

7. Abschließend möchte ich eine weitere Form heimlicher Erwartungen anführen, die im Zusammenhang mit Eifersucht anzutreffen ist. Auch im Zusammenhang mit dieser Erwartung wird deutlich, daß die Beschäftigung mit Eifersuchtsreaktionen das zugrundeliegende Problem eher verdeckt als daß sie es löst.

Diese Erwartung besteht darin, der Partner/die Partnerin könne die eigene Angst, sich zu binden, verstehen, ja teile sie sogar, werde aber trotzdem die Beziehung nicht verlassen.

Die hier zugrundeliegende Unsicherheit beruht z. T. auf gesellschaftlichen Entwicklungen, welche die traditionellen Motive, sich lebenslang zu binden, weitgehend aufgelöst haben. Sie beruht sicherlich auch auf den oft nicht gerade ermutigenden Vorbildern jahrelang zerrütteter oder emotional toter Ehen der eigenen Eltern und Großeltern. Sie beruht jedoch auch – und dies ist der Faktor, welcher durch eigene Entscheidung und Verantwortung veränderbar ist – auf der

Angst, sich festzulegen, der Angst, eingeengt, durch eine dauerhafte Bindung in der eigenen Entwicklung behindert zu sein. Zum einem Teil trifft dies auch zu: Durch eine Bindung entscheide ich mich unter der Vielzahl an Möglichkeiten, mit denen ich wachsen und mich verändern könnte, für eine.

Diese Vorstellung ist oft von Angst begleitet, die jedoch zu einem erheblichen Teil keine reale, d. h. auf die gegenwärtige Beziehung bezogene Angst ist, sondern eine Erinnerung an eine Zeit als Kind, in der vielleicht tatsächlich die enge Beziehung zu den Eltern auch mit erlebten Einschränkungen und Entwicklungsverboten verknüpft war. Zu einem weiteren Teil ist diese Einschränkung der persönlichen Experimentiermöglichkeiten durch eine feste Bindung jedoch auch Realität. Dem Unbehagen, das diese Tatsache auslöst, möchte ich ein Argument des Paartherapeuten Hans Jellouschek entgegenhalten, das sich einfacher und treffender kaum formulieren läßt. „Ich kann nicht ‚alles' machen. Ich werde sonst ein oberflächlicher Dilettant. Es geht ab einem gewissen Zeitpunkt nicht mehr nur ums Ausprobieren, sondern ums Verwirklichen, Aufbauen und Ausbauen. Dies ist ein wesentliches Kennzeichen der Reife: einiges wenige, aber das richtig!" [21]

Ich möchte damit nicht für das Ausharren in einer als unbefriedigend erlebten Paarbeziehung eintreten. Auch Trennung ist ein Weg, der manchmal die einzige Möglichkeit der Weiterentwicklung für beide Partner öffnet. Wer sich jedoch für eine Beziehung niemals definitiv entscheiden kann und sich mit einem Partner/einer Partnerin zusammenfindet, der/die dies ebensowenig mag, der öffnet der Eifersucht in seiner Paarbeziehung Tür und Tor. Man kann nicht beides haben: Sicherheit und die Freiheit beider Partner, sich jeden Tag auch für jemand anderen entscheiden zu können.

Die Auseinandersetzung um die entstehende Eifersucht würde auch in diesem Fall viel zu kurz greifen und das zugrundeliegende Problem der Bindungsunwilligkeit und Bindungsangst nicht lösen.

Zusammenfassung

Die Funktion, die Eifersucht in Paarbeziehungen in allen beschriebenen Fällen hat, ist immer die gleiche: Eifersucht verhindert die zur Weiterentwicklung einer Beziehung notwendigen Auseinandersetzungs- und Klärungsprozesse und hält gleichzeitig die Bindung der Partner aneinander aufrecht.

Die beschriebenen Beispiele unterscheiden sich darin, daß die Erwartungen, welche die Weiterentwicklung blockieren, jeweils andere sind. Dargestellt wurden die Erwartungen, der Partner/die Partnerin solle ...

- den Wert der eigenen Person bestätigen;
- die eigene Selbstverwirklichung garantieren;
- alleiniger Garant für körperliche oder psychische Nähe in der Beziehung sein;
- dafür sorgen, daß man selbst sich als vollwertige/r Frau oder Mann erlebt;
- das Gefühl der Zugehörigkeit garantieren;
- eigene vermeintliche Schwächen ausgleichen;
- die eigene Angst, sich langfristig zu binden, teilen, gleichzeitig die Beziehung jedoch nicht verlassen.

Franz und Marion S. als Paar

Abschließend sei noch ein Beispiel angeführt, welches diesen frucht-losen Auseinandersetzungsprozeß und sein unerfreuliches Ende in typischer Form verdeutlicht:

Die Eheleute Franz und Marion S. hatten diese Auseinanderset-zung in ähnlicher Form in ihrem ersten gemeinsamen Jahr derart häufig geführt, daß sie sie nahezu wörtlich erinnern. Einige der cha-rakteristischen Ausschnitte habe ich nach einer Bandaufzeichnung eines Gesprächs mit ihnen herausgeschrieben. Heute, nachdem sie einen Großteil ihrer damaligen Beziehungsprobleme bewältigt haben, können sie darüber lächeln. Zur damaligen Zeit war es ihnen bitter ernst.

Eines Abends hatte Franz seiner Frau Marion angedeutet, daß er ohne sie ausgehen werde. Das hatte er in den letzten Wochen recht häufig getan. „Wo willst du denn schon wieder hin?" fragt sie in leicht gereizter Stimmung. „Du weißt doch, zu Karl." – „Zu welchem Karl?" – „Das ist der neue Kollege aus der Abteilung vom Neumüller, von dem ich dir neulich erzählt habe. Der, dessen Frau früher auch bei uns gearbeitet hat, als ich noch nicht dabei war. Sie ist eine sehr interessante Person – soll früher die gesamte Abteilung fast alleine geschmissen haben", versucht Franz S. zu erklären. Zunehmend skeptisch fragt Marion: „Ist sie auch da?" – „Natürlich ist die da – sie wohnt doch da." – „Und warum nimmst du mich nie mit, wenn andere Ehefrauen auch bei euren Treffen sind", will Marion vorwurfsvoll wissen. „Aber Schatz, du würdest dich doch nur langweilen, wenn wir fachsimpeln und den betriebsinternen Tratsch breittreten", entgegnete Franz S., der in Wirklichkeit jedoch keineswegs um die Langeweile seiner Frau besorgt war, sondern sich seit einiger Zeit von ihr zu sehr kontrolliert und eingeengt fühlte und in einigen seiner Kollegen verständige Mitstreiter gefunden hatte, mit denen er in kollegialer Herrenrunde über die Frauen im allgemeinen lästern konnte. Marion beginnt unterdessen zu schmollen und nörgeln. Sie fühlt sich ausgeschlossen, alleingelassen und unterstellt ihm, er schäme sich ihrer gegenüber seinen Kollegen, da sie bisher noch keine interessante Berufskarriere vorzuweisen habe. Jetzt will Franz S. erst recht alleine weg. Mit dem flüchtigen Abschiedsgruß „Bis später dann ..." verläßt er fluchtartig die gemeinsame Wohnung.

Spät in der Nacht, viel später als er angekündigt hatte, kommt er zurück. Marion ist wachgeblieben und überschüttet ihn mit Vorwürfen, inquisitorischen Fragen und mit ihrer inzwischen depressiven Stimmung. Den Tränen nahe, beklagt sie schließlich: „Ich weiß gar nicht, warum wir noch zusammen sind. Ich merke doch, daß du mich nicht mehr so liebst, wie früher ... Wenn du wenigstens so ehrlich wärst, es zuzugeben. Statt dessen treibst du dich mit weiß-ich-nicht-wem nächtelang herum und versuchst, mir was vorzumachen ..." Franz beteuert, daß er sich nicht herumtreibe und daß er sie noch genau so liebe wie früher. Sie glaubt ihm kein Wort. Schließlich gesteht er reumütig ein, daß er es mit seinen abendlichen Alleingängen doch etwas weit getrieben habe und gelobt Besserung. Als Marion ihm immer noch nicht glaubt, meint er, die rettende Idee zu haben und versucht es zunächst mit Zärtlichkeiten und dann mit sexuellen Annäherungsversuchen. Marion weist ihn entrüstet zurück: „... ich kann nicht mit dir schlafen, wenn du mich nicht mehr liebst." Ihre abweisende Haltung und die fast schon sprichwörtlichen Kopfschmerzen bei seinen Wünschen nach Sexualität sind Franz S. schon geläufig. Bereits vier Monate, nachdem sie sich kennengelernt hatten, so erinnert er sich, habe sie ihn meistens abgewiesen, wenn er mit ihr habe schlafen wollen. Marion bestätigt dies und versichert gleichzeitig, „das hat gar nichts zu bedeuten". Sie sei ganz sicher, daß sie wieder Lust auf gemeinsame Sexualität bekommen werde, wenn er sich nur akzeptierender und anerkennender um sie kümmern und sie nicht andauernd alleine lassen würde. Franz S. hält dagegen, daß er sicher viel seltener abends alleine weggehen würde, wenn sie nur häufiger mit ihm schliefe. In der Fogezeit war Franz S. dann auch „einsichtig" und stellte seine sexuellen Annäherungsversuche ein. Das hatte jedoch zur Folge, daß Marion nun endgültig an seiner Liebe zu ihr zweifelte. Wie Mann es auch macht – immer ist es falsch.

Wie später deutlich wurde, hatte das Eingehen einer gemeinsamen Beziehung bei beiden Partnern alte Ängste wiedererweckt, die sie beide schon lange vor dieser Beziehung kannten. Beide hatten im Grunde Angst, sich auf eine nahe Beziehung einzulassen. Franz S. befürchtete, sich dadurch selber aufgeben und einengender Kontrolle unterwerfen zu müssen. Gleichzeitig schätzte er es jedoch auch, von seiner Frau emotional „gebraucht" zu werden. In dieser Rolle fühlte er sich akzeptiert und eingeengt zugleich. Marion S. fürchtete sich ebenfalls davor, sich emotional wie sexuell allzusehr auf einen Mann einzulassen. Die Angst, sie könne verletzt und aufgrund einer von ihr empfundenen Minderwertigkeit verlassen werden, ließ sie eine innere Distanz zu ihrem Mann halten. Gleichzeitig glaubte sie jedoch auch, ohne seine permanente Anwesenheit nicht leben zu können. Darüber hinaus schien ihr seine berufliche Stärke eine gewisse Sicherheit zu vermitteln. Beiden Partnern waren zum Zeitpunkt des oben geschilderten Streites ihre Ängste und ihre inneren widerstreitenden Tendenzen nicht bewußt gewesen. Sie hatten die Ursache und die Verantwortung dafür, daß sie sich beide in der Beziehung nicht ganz wohl fühlten, im Verhalten des jeweils anderen Partners gesucht. Die gegenseitigen Forderungen, von denen ihr Streit begleitet war, waren vollkommen ungeeignet, die zugrundeliegenden Probleme jedes einzelnen und der Beziehung zu lösen: Jeder erwartete als Voraussetzung für eigene Veränderung, daß der Partner sich ändere. Hierdurch setzen sich die Partner gegenseitig matt. Diese gegenseitige Erwartung macht jede Weiterentwicklung unmöglich. Die Bindung aneinander wurde so letztlich nur noch über eben diesen Streit und die anhaltenden Auseinandersetzungen um das Thema Eifersucht aufrechterhalten.

7   Was kann man tun, wenn man eifersüchtig ist?

Fast am Ende dieses Buches angekommen, mag man sich fragen, was denn bei aller Analyse und detaillierten Betrachtung des Phänomens „Eifersucht" dagegen zu tun sei, wenn man betroffen ist. Obwohl ich diesen Wunsch verstehen kann und obwohl ich natürlich – sonst hätte ich dieses Buch nicht geschrieben – auch aus eigener Erfahrung weiß, wie quälend und aufzehrend die mit Eifersucht verbundenen Gefühle sein können, bin ich immer etwas skeptisch, wenn ich ein Buch entdecke, daß mit einer der vielen Variationen des folgenden Titels Leser anlockt: „Meine psychische ‚Macke' und wie ich sie wieder loswerde." Bezogen auf Eifersucht würde ein solcher Titel unterstellen, daß Eifersucht eine „Macke", ein bedauernswerter persönlicher Makel ist, der jedoch zum Glück durch die richtige Anwendung einiger Patentrezepte schnell wieder behoben werden kann.

Beides halte ich für falsch. Zunächst sehe ich Eifersucht nicht als psychische Störung, als „Macke" an, die es zu bekämpfen gilt, sondern halte sie und die sie begleitenden Gefühle für ein Hinweissignal darauf, daß grundlegende Bedürfnisse nach Bestätigung der eigenen Person und nach Sicherheit in einer bestehenden Paarbeziehung nicht befriedigt sind.

Die Gründe dafür, daß diese Grundbedürfnisse als nicht befriedigend erlebt werden, können in der entwicklungsgeschichtlich bedingten Art des eigenen Erlebens liegen, sie können in der mitverschuldeten Unfähigkeit liegen, eine befriedigende Paarbeziehung zu gestalten, sie können im Verhalten des Partners/der Partnerin oder dritter Personen zu suchen sein – immer jedoch bleibt die Tatsache bestehen, daß etwas, daß die eigene Person existentiell betrifft, nicht in Ordnung ist. Eifersucht weist auf diesen unbefriedigenden Zustand hin und ist deshalb nützlich. Das macht sie im subjektiven Erleben nicht angenehmer, jedoch – wie ich glaube – verständlicher.

Sie ist mit Gefühlen wie Angst oder Ärger vergleichbar, die ebenfalls als unangenehm empfunden werden, die aber aus unserem Leben nicht wegzudenken sind. Sie geben uns wertvolle Hinweise darauf, daß wir entweder einer drohenden Gefahr ausgesetzt sind, daß unsere persönlichen Interessen verletzt und mißachtet werden, oder daß wir auf einen noch nicht gelösten Konflikt aus unserer Kindheit gestoßen sind.

Genau diese nützliche Funktion erfüllen auch die gefühlsmäßigen Anteile der Eifersucht: Sie weisen uns in unübersehbarer Weise darauf hin, daß einige unserer wichtigsten Bedürfnisse unbefriedigt sind. Sie erinnern uns, daß hier Handlungsbedarf besteht.

Art und Zielrichtung der dann inszenierten Handlungen entscheidet darüber, ob wir den Hinweischarakter eifersüchtiger Gefühle lediglich destruktiv nutzen, um die früh erworbenen Einstellungen unseres einschränkenden Lebensskripts zu festigen oder ob wir sie konstruktiv zur persönlichen Weiterentwicklung und zur Auseinandersetzung mit der heutigen Lebenssituation nutzen.

Unsere konstruktiven Gedanken und Handlungen können dabei in unterschiedliche Richtungen gehen: Zum einen können sie nach innen, in Richtung der eigenen Person gerichtet sein. Dabei können sowohl aktuelle Handlungsmöglichkeiten überdacht und geplant als auch innere Auseinandersetzungen mit früher erworbenen Lebenseinstellungen geführt werden.

Zum anderen können unsere Aktivitäten nach außen in Richtung auf eine bestehende Partnerschaft oder generell auf unseren Umgang mit Mitmenschen gerichtet sein. Jeder der genannten Zielrichtungen ist ein Abschnitt dieses Kapitels gewidmet.

Meine Skepsis gegenüber einigen „Psycho-Rezeptbüchern" richtet sich nicht nur gegen ihre Tendenz, psychologische Phänomene als psychische Defekte abzuwerten, ohne ihre lebensnotwendigen, nützlichen Funktionen zu würdigen, sondern auch gegen ihren Versuch, die Vielfalt menschlichen Lebens und menschlicher Erfahrungen zu reduzieren auf einige wenige Grundsituationen, auf die dann die gegebenen Ratschläge und Gebrauchsanweisungen anwendbar sind. Genau betrachtet, sind solche Ratschläge zu einem Teil immer falsch, sobald man sie auf die individuelle Lebensgeschichte eines konkreten Menschen bezieht. Sie übergehen immer einen Teil der ganz individuellen Art, sich an die erfahrenen Gegebenheiten des Lebens anzupassen. Vor diesem Dilemma stehen wir Experten, wenn wir allgemeingültige Ratschläge abgeben sollen. Es ist nicht lösbar.

Trotzdem möchte ich im folgenden einige Denkanstöße geben für Menschen, die Eifersucht für sich als Problem definieren; sei es, daß sie selber unmittelbar betroffen sind oder sei es, daß sie nach Möglichkeiten suchen, nahestehenden Freunden zu helfen.

Ich wünsche mir dabei kritische Leser, welche die nachfolgenden Überlegungen als das nehmen, was sie sind: als Anstöße zum Nachdenken, die anregen können, die eigenen Einstellungen und Verhaltensweisen vielleicht unter einem etwas anderen Blickwinkel als bisher zu betrachten. Genauso können sie natürlich verworfen und als unbrauchbar betrachtet werden. In jedem Einzelfall sind sie zu modifizieren und der individuellen Situation anzupassen.

Denn eines gilt mit Sicherheit: Für die Gestaltung Ihres Lebens sind Sie die Expertin/der Experte – und sonst niemand. Die wirklich guten Experten jedoch erkennt man daran, daß sie ihre Ideen mit anderen Experten austauschen, sich von ihnen inspirieren und anregen lassen und sich gleichzeitig in wichtigen Punkten von ihnen kritisch abgrenzen, um ihren unverkennbar eigenen Weg zu beschreiten.

Die nachfolgenden Hinweise beziehen sich in erster Linie auf die als pathologisch beschriebene Eifersucht. Einige von ihnen lassen sich jedoch auch mit Gewinn dann anwenden, wenn die zugrundeliegende Eifersucht in den Bereich der natürlichen, nützlichen Ausdrucksformen menschlichen Erlebens fällt.

Wer sich einer der Extremformen unterschiedlicher Anpassungstypen zuordnet, wie sie in Kapitel 5 beschrieben wurden, findet dort eine Reihe von Hinweisen, welche die Grundrichtung einer persönlichen Weiterentwicklung im Falle von skriptgebundener Eifersucht aufzeigen.

Die eigene Person im Mittelpunkt von Veränderungen

In den voranstehenden Kapiteln wurde deutlich, daß es einige Strategien des Umgangs mit Eifersucht gibt, die in aller Regel nicht zu einer befriedigenden Lösung der damit verbundenen Probleme beitragen.

1. Die erste dieser untauglichen Strategien besteht in der vollständigen Anpassungen an die Bedürfnisse und Wünsche des Partners/der Partnerin unter Aufgabe wesentlicher Bestandteile der eigenen Identität. Im Extrem begegnete uns diese Anpassung in der antiken Figur

der Medea, die ihre gesamte Herkunft verleugnete und vernichtete, um die Liebe Jasons zu gewinnen – eine trügerische Hoffnung, wie sich zeigen sollte. Ihrem Schicksal nachzueifern, scheint mir nicht gerade empfehlenswert.

2. Zur zweiten und sicherlich häufigsten aller untauglichen Strategien im Umgang mit Eifersucht gehören alle Versuche, den Partner/ die Partnerin durch die unterschiedlichsten Kontrolltechniken an der vermuteten oder festgestellten Untreue zu hindern. Sie sind bestenfalls geeignet, sich selber zu quälen oder sich der Lächerlichkeit preiszugeben.

3. Eine dritte Art untauglicher Strategien sei hier noch einmal erwähnt. Sie wird häufig unter dem Etikett „Selbstverwirklichung" getarnt und ist deshalb nicht immer gleich als untauglich zu erkennen. Der Versuch, über die inflationäre Erhöhung der Anzahl oberflächlicher sozialer Kontakte und emotional bedeutungsloser, aktionistischer Beschäftigungen die empfundene eigene Minderwertigkeit aufzuwerten, zählt zu dieser Art von Strategien. Auch die bedingungslose Forcierung der beruflichen Karriere zum Zwecke der Persönlichkeitsstabilisierung kann hier zugeordnet werden.

Neben diesen untauglichen Strategien gibt es jedoch eine Reihe weniger spektakulärer, langfristig aber hilfreicherer persönlicher Veränderungen, mit deren Verwirklichung jede/r hier und heute beginnen kann, unabhängig davon, wie seine/ihre vergangene Geschichte bis heute verlaufen ist. Diese Veränderungen erfordern allerdings klare und ehrliche Entscheidungen für bestimmte Zielsetzungen, die ohne Vorbehalt und „Hintertürchen" zu treffen sind. Verbunden mit diesen Entscheidungen ist das Aufgeben so mancher liebgewonnener Illusion, die Übernahme der vollen Verantwortung für das eigene zukünftige Leben und die Gestaltung der Beziehungen zum gegenwärtigen oder zu zukünftigen Partnern. So banal, wie einige der nachfolgenden Entscheidungen klingen, so schwer sind sie jedoch sicher für den/die eine/n oder andere/n zu treffen. Ich behaupte auch nicht, daß es einfach ist. Ich möchte jedoch Mut machen, den persönlichen Gewinn in die Waagschale zu werfen, der weit über jede Eifersuchtsproblematik hinaus im Aufbau und in der Festigung einer individuellen und einzigartigen Identität besteht.

1. Die erste Frage, die im Falle von Eifersucht zu entscheiden ist, ist die Frage danach, ob ich überhaupt bereit bin, mich langfristig auf die Bindung, die eine Liebesbeziehung zu einem Menschen bedeutet, einzulassen; ob ich mich für ihn oder sie wirklich entschieden habe. Nur wenn ich diese Frage eindeutig mit ja beantworten kann, macht es Sinn, die gleiche Entscheidung vom Partner/der Partnerin zu fordern. Da sich Beziehungen entwickeln und damit verändern, ist eine solche Entscheidung im Verlauf einer langjährigen Paarbeziehung auch von neuem und auf neuem Erfahrungshintergrund zu treffen. Wann immer diese Frage sich einem oder beiden Partnern stellt, ist sie zu entscheiden. Ein Dauerzustand der permanenten Ungewißheit ist sonst der ideale Nährboden für Eifersucht. Das gilt besonders dann, wenn diese Ungewißheit nicht ausgesprochen wird. Auch und gerade dann reagiert der Partner/die Partnerin darauf intuitiv.

Mir ist an dieser Stelle bewußt, daß es Gründe gibt, die dafürsprechen, sein Leben als Single zu verbringen, und daß es sicher auch andere Formen des Zusammenlebens gibt als die Zweierbeziehung. Nur wenn man sich für letztere entscheidet: dann auch ganz.

2. Eine zweite Entscheidung bezieht sich auf die Wertschätzung, die ich der Person des Partners/der Partnerin entgegenbringe. Die Entscheidung besteht darin, die Würde der Person des Partners zu respektieren, unabhängig davon, wie er oder sie sich im Einzelfall verhält. Dazu gehört auch die Entscheidung, die als angenehm erlebten Erfahrungen mit dem Partner, seine geschätzten Eigenschaften auch dann wahrzunehmen oder zumindest in der Erinnerung zu behalten, wenn andere, unangenehme Erlebnisse mit ihm/ihr hinzukommen.

Menschen, welche diese innere Haltung nicht einnehmen, geraten wie Franz S. aus dem ersten Kapitel dieses Buches in die Gefahr, jede Regung ihres/ihrer Partners/Partnerin, welche nicht ihren momentanen Wünschen entspricht, dazu zu nutzen, ihn/sie in Bausch und Bogen abzuwerten und mit entsprechend heftigen Gefühlen eifersüchtigen Hasses zu reagieren.

3. Weiterhin hilfreich zur Vermeidung skriptgebundener Eifersucht ist die Entscheidung, die positiven Liebesbemühungen des/der Partners/Partnerin in vollem Umfang wahrzunehmen, wertzuschätzen und im Gedächtnis zu bewahren. Anderenfalls bildet sich auch hier leicht die wahnhafte Vorstellung, er oder sie habe schon seit langem

keinerlei Interesse mehr an der Beziehung. Ein Beispiel hierfür gibt die mehrfach erwähnte Geschichte von Katrin, die ihrem Freund trotz dessen anfänglichen Liebesbemühungen Gefühlskälte und Desinteresse unterstellte. Sie mißbrauchte ihn nach einer Weile nur noch gleichsam als Leinwand, auf die sie das enttäuschende Bild ihres Vaters projizieren konnte.

4. Auch die Entscheidung, Positive Rückmeldungen zur eigenen Person, identitätsstabilisierende Bemühungen von Freunden und Kollegen zu bemerken und zu würdigen, gehört hierher. Die Aufgabe besteht darin zu nehmen, was wirklich gegeben wird und nicht mehr nur auf jene inneren Stimmen zu hören, die uns schon seit frühester Kindheit zu sagen versuchen, wer und wie wir eigentlich seien. Eine gute Übung, um die innere Abwertung positiver Rückmeldungen anderer Menschen zu stoppen, besteht darin, eine Woche lang alle erhaltenen positiven Wertschätzungen auf der Stelle zu notieren und sie sich am Abend jedes Tages noch einmal vorzulesen. Dabei ist es nützlich, selbstkritisch zu beobachten, wie viele dieser Wertschätzungen man im nachhinein innerlich wieder abwertet, mit Einschränkungen und Bedenken belegt und so wirkungslos macht.

Menschen, die kein gutes Haar an dem lassen, was andere ihnen Gutes tun, dürfen sich im Umgang mit ihrem Partner/ihrer Partnerin nicht wundern, wenn es nach einer Weile auch aus diesem Wald nicht viel anders herausschallt, als sie hineingerufen haben. Sollten sie eifersüchtig reagieren, falls sich ihr Partner dann von ihnen abwendet, fällt diese Eifersucht in die Abteilung „Strickliesels Abenteuer". Der Anlaß zur Eifersucht ist zu 100 Prozent selbstgestrickt.

5. In allen Fällen, in denen Eifersucht aus dem Eindruck heraus entsteht, der Partner/die Partnerin vernachlässige die Befriedigung eigener Bedürfnisse, besteht die wichtigste Entscheidung darin, sich selber zu erlauben, diese Bedürfnisse in der Partnerschaft zunächst einmal wahrzunehmen und sie dann in offener Form auszusprechen. Auch dieser Ratschlag klingt banal. Die Realität zeigt jedoch, daß eine ganze Reihe von langanhaltenden Eifersuchtsdramen entstehen konnte auf der Basis ebenso langanhaltender Unzufriedenheiten und auf der Basis von Rätselraten um den vermuteten inneren Rückzug eines Partners und seine/ihre vermuteten Untreuewünsche. Direktes und offenes Ansprechen der Gefühle von Angst und Ärger, das

Äußern vorhandener Wünsche hätte die Voraussetzung geschaffen, in eine konstruktive Auseinandersetzung um Unstimmigkeiten in der Beziehung einzutreten.

6. Die Entscheidung, die eigenen Wünsche und Gefühle ernst zu nehmen, ist im Grunde nur eine Variationsform der zentralen Entscheidung, die allen Formen skriptgebundener Eifersucht die Grundlage entzieht: der Entscheidung, die eigene Person als wertvoll und wichtig zu achten.

Die Angst, unwichtig, minderwertig und letztlich nicht liebenswert zu sein, bildet die Grundlage von Eifersuchtsreaktionen, die auf der Wiedererweckung alter negativer Glaubensüberzeugungen über die eigene Person beruhen.

Es mag schon etwas ungewohnt klingen, diese innere Haltung so darzustellen, als sei sie durch einen Akt der Entscheidung zu verändern. „Entscheidung" kennzeichnet hier auch lediglich den Endpunkt einer meist längeren persönlichen Entwicklung, in der man sich intensiv – auch mit Hilfe psychotherapeutischer Unterstützung – mit der eigenen Vergangenheit und den lebenslang gebildeten Glaubensüberzeugungen auseinandergesetzt hat.

Danach jedoch ist und bleibt es im heutigen Leben meine Entscheidung, welchen Wert ich der eigenen Person zumesse. Daß ich vielleicht als Kind mich selber in einem anderen Licht gesehen habe, mag gute Gründe gehabt haben. Im Erwachsenenleben jedoch habe ich die Möglichkeit, mich neu und anders zu entscheiden. Allerdings muß ich dazu die Idee aufgeben, daß meine bisherige Einstellung, minderwertig und nicht liebenswert zu sein, mir irgendwelche Bonuspunkte eingebracht habe, daß ich durch die so entgangene Liebe irgendeinen Anspruch auf zukünftige Wiedergutmachung durch die eigenen Eltern, durch meinen Partner/meine Partnerin oder durch sonst irgend wen erworben habe. Die Hoffnung auf eine solche „Wiedergutmachung" aufzugeben, scheint oft schwerer zu fallen, als die anhaltende Selbsterniedrigung und Selbstbeschimpfung aufzugeben. Wer sich jedoch zur inneren Wertschätzung der eigenen Person entschieden hat, wird bemerken, daß diese Wertschätzung zunehmend mehr unbeeinflußt bleibt von momentanen Enttäuschungen und Verletzungen durch andere Menschen. Nicht, daß diese nicht mehr wahrgenommen würden oder nicht mehr schmerzlich wären, sie dienen nur nicht mehr der Bestätigung alter, negativer Glaubenssätze über den Unwert der eigenen Person.

Es gibt einen einfachen Test, der anzeigt, in wieweit wir frei oder noch gebunden sind an solche alten Überzeugungen: Achten Sie auf ihre erste, spontane innere Reaktion in Situationen, in denen Sie sich durch ihre/n Partner/in verletzt oder von ihm/ihr unverstanden fühlen. Sollte Ihr erster Gedanke sein: „... Das zeigt mal wieder, daß ich ..." und sollten Sie diesen Satz mit einer Negativbewertung der eigenen Person abschließen, dann sind Sie höchstwahrscheinlich noch gebunden an Ihre als Kind getroffene Entscheidung, in irgend einer Hinsicht minderwertig zu sein. Denn eine heute erfahrene Verletzung oder Mißachtung zeigt eben nur, daß eine heute akute Verletzung oder Mißachtung vorliegt. Sie beweist darüber hinaus nichts und sagt schon gar nichts aus über den Wert oder Unwert der beteiligten Personen. Sobald Sie diese innere Haltung teilen, werden Sie frei von denjenigen Anteilen an Eifersucht, die nicht durch Ereignisse der derzeitigen Beziehungssituation, sondern durch die Wiedererweckung alter Negativbewertungen der eigenen Person verursacht wurden. Die Verletzungen, die ein Partner/eine Partnerin dem/der anderen zufügt – einschließlich der Untreue und der Aussage, man liebe den/die andere/n nicht mehr – sind kein Beweis dafür, daß der so betroffene Partner grundsätzlich nicht liebenswert oder minderwertig ist. Auch wenn dies im Einzelfall schmerzlich genug ist, beweisen sie lediglich, daß etwas mit der Beziehung nicht stimmt.

Eine besonders häufige Form der Selbstabwertung, die mit Eifersucht einhergeht, ist der Zweifel an der eigenen, besonders der sexuellen Attraktivität als Mann oder Frau. Obwohl diese sicher nicht das allein seligmachende Bindeglied zwischen Mann und Frau ist, fällt doch sehr auf, wie vorschnell viele Eifersüchtige ihre sexuelle und erotische Attraktivität, die sie auf ihre Partner ausüben, abwerten und vergessen. Statt wochenlang über die vermeintlich größere Anziehungskraft anderer Männer oder Frauen zu klagen, wäre es in diesen Fällen angebracht, sich einmal die Frage zu stellen: „Wann habe ich ihn/sie zum letztenmal verführt – nach allen Regeln der Kunst?" Wenn dies nicht gestern oder vorgestern war, dann wird es höchste Zeit!

Jetzt höre ich schon etliche von Eifersucht betroffene Paare im Chor mit einigen Fachkollegen rufen, ich möge bitte seriös bleiben; so einfach sei die Sache doch wirklich nicht. Habe ich denn jemals behauptet, es sei einfach, mit Eifersucht umzugehen? Nur, wer Lust und Gefallen an der eigenen Sexualität und an der des Partners aus seinen Überlegungen ausklammert, wird es nicht schaffen, die Probleme, auf die Eifersucht hinweist, befriedigend zu bewältigen.

Außerdem habe ich mit Bedacht gesagt: „verführen – nach allen Regeln der Kunst". Bekanntlich beruht ein Kunstwerk nur zu einem kleinen Teil auf dem begnadeten Talent des Künstlers und zu einem viel größeren auf seinem Können, das durch intensive Übung erworben, gefestigt und verfeinert wurde. Das ist nicht anders in der Kunst des Liebens.

Doch um der vermuteten Kritik die Ehre zu geben: Auch ich glaube nicht, daß alleine die gebührende Würdigung der eigenen sexuellen Attraktivität geeignet ist, eine Paarbeziehung, die ansonsten keinerlei tragfähige Gemeinsamkeiten aufweist, zu retten. Sie kann die ernsthafte Auseinandersetzung mit einer ganzen Reihe von Paarproblemen nicht ersetzen. Dazu gehört sicherlich die Auseinandersetzung mit den im vorangegangenen Kapitel erwähnten heimlichen Erwartungen, die Partner aneinander stellen. Diese Auseinandersetzung setzt jedoch voraus, daß sich beide Partner ihrer heimlichen Erwartungen bewußt sind. Hier beginnt die Aufgabe für jeden einzelnen: herauszufinden, ob und in welchem Umfang er oder sie eine der voranstehenden Erwartungen an den Partner hegt, ob die Beziehung auf der Grundlage der Erfüllung dieser Erwartungen beruht. Wer hier wartet, bis der/die Partner/in seine/ihre Erwartungen offenlegt, fordert von ihm/ihr etwas, das er/sie nicht bereit ist, selber zu geben. Daß Sie selber die Verantwortung für die Gestaltung ihrer Beziehung übernehmen, ist besonders dann wichtig, wenn es bisher zur gewohnten Rollenaufteilung gehörte, daß ihr Partner/ihre Partnerin die Verantwortung für die Klärung aller Unstimmigkeiten hatte. Allein durch die Änderung dieser Rollenverteilung könnte eine höchst fruchtbare Auseinandersetzung in Gang kommen, die Ihnen eifersüchtiges Zweifeln und eifersüchtigen Ärger aufgrund wahrgenommener Distanzierung ihres Partners ersparen könnte.

Eine andere Entscheidung, die Sie für sich treffen können, statt weiterhin eifersüchtig zu reagieren, ist die Entscheidung, bestehende Freundschaften und vergangene Partnerschaften ihres Partners/ihrer Partnerin anzuerkennen und in ihrer Bedeutung zu respektieren. Die einzigartige Art und Weise, wie ihr Partner geworden ist, wie er sich entwickelt hat, verdankt er auch den vielfältigen Kontakten und Beziehungen, die er im Laufe dieser Entwicklung hatte. Ohne die Freundschaft und Auseinandersetzung zu seinen Eltern, zu Geschwistern, zu Schulkameraden, Kollegen und auch zu derzeitigen Freunden und Freundinnen, wäre er nicht der, der er heute ist. Und sie wäre nicht die, die sie heute ist. Würden Sie ihn/sie dann lieben?

Die Angst, die mit Eifersucht verbunden ist, besteht in der Ungewißheit, ob denn der Partner/die Partnerin die Grenzen zwischen Freundschaft und Liebesbeziehung wahren könne. Und sicher gibt es für die meisten von uns diese Grenzen. Sicher kann ich zu mehreren Freunden und Freundinnen einen sehr engen Kontakt haben, der den Austausch von Zärtlichkeiten einschließt, der auch Erotik als Dimension menschlichen Empfindens zuläßt. Ein solcher enger Kontakt kann auch den Austausch und die Auseinandersetzung über Themen und persönliche Erfahrungen einschließen, den ich manchmal mit meinem Partner/meiner Partnerin nicht haben kann. Trotzdem gibt es einen emotional bedeutsamen Unterschied zwischen solchen engen freundschaftlichen Kontakten und einer Liebesbeziehung, die ich als fest und verbindlich eingehe, auf die ich mich „mit Haut und Haaren" einlasse. Es ist ein qualitativer Unterschied. Die Grenze, an der dieser Unterschied deutlich wird, ist von Paar zu Paar verschieden. Sie verschiebt sich im Laufe der Entwicklung einer Partnerschaft, und sie ist immer wieder neu zwischen den Partnern auszuloten und auszuhandeln. Das zu tun, bleibt jedem Paar als Aufgabe vorbehalten. Die Einstellung, fast alle Freundschaften des/der Partners/Partnerin als bedrohlich anzusehen und alle vergangenen Beziehungen als „Wertminderung" einzustufen – quasi als habe man hier zum überhöhten Preis ein Second-hand-Modell erstanden – dient diesem Aushandeln, diesem Miteinander-Wachsen jedoch in keiner Weise.

Die Entscheidung, die jeder für sich zu treffen hat, besteht darin, die Beziehung zum geliebten Partner als einzigartig, als nicht austauschbar zu begreifen und zu schätzen. Andere Beziehungen mögen ihren eigenen Stellenwert haben oder gehabt haben – sie haben oder hatten eine andere Qualität und stellen deshalb nicht notwendigerweise eine Konkurrenz dar. Gelingt es einem oder beiden Partnern nicht, die Grenzen und die Unterschiede zwischen verschiedenen Beziehungen klarzumachen, ist Austausch und Verständigung von Nöten, nicht eifersüchtiges Wüten oder angstgetriebener Selbstzweifel.

7. Eine letzte Entscheidung sei hier noch angeführt: Die Entscheidung, die eigenständige, auch manchmal gegen die eigenen Erwartungen und Wünsche gerichtete Entwicklung des Partners/der Partnerin als Chance für die eigene Entwicklung zu begreifen. Auch das fällt nicht immer leicht. Hatte man doch – unbewußt – genau diese/n Partner/in erwählt, damit er/sie die eigenen Unzulänglichkeiten ausgleichen oder unterstützend beheben solle. Weigert er oder sie sich, diese Aufgabe weiterhin zu übernehmen, kann man dies zum Anlaß nehmen, eifersüchtig nach Gründen zu suchen, die ihn oder sie veranlaßt haben könnten, anderen Personen mehr Aufmerksamkeit und Zuwendung zu schenken als einem selbst. Man kann diese Weigerung jedoch auch als Chance begreifen, nun selber aktiv zu werden und die bisher durch den Partner/die Partnerin ersetzten Fähigkeiten aus eigener Kraft zu entwickeln. Diese Entscheidung hat nichts mit eifersüchtigen Rachephantasien zu tun, die nach dem Motto: „Wie du mir, so ich dir" versuchen, einen Machtkampf darum zu inszenieren, wer wohl die Vernachlässigung und Kränkung durch den anderen am längsten aushält. Es geht hier überhaupt nicht darum, dem Partner/der Partnerin irgend etwas zu beweisen, sondern darum, eigene Fähigkeiten und Möglichkeiten selbständig zu entwickeln.

Betrachten wir dazu noch einmal das Beispiel von Herrn M. – dem „kleinen Prinzen von Muttters Gnaden". Die Tatsache, daß seine als Mutterersatz gewählte Frau sich eines Tages entscheidet, ihn nicht weiter zu hofieren, ihm nicht weiterhin die „Last" als eigenständige Person aufzutreten, abnimmt, hatte für ihn von außen betrachtet die Chance eröffnet, daß er wesentliche Merkmale seiner Persönlichkeit selber entwickeln konnte. Zunächst erlebte er die Verweigerung der gewohnten Unterstützung natürlich als Verletzung, als Entzug an Aufmerksamkeit und – wie er meinte – an Liebe. Auch weigerte er sich anfangs hartnäckig, selbständige Kontakte zu ihm fremden Personen aufzunehmen, da er hierbei nicht nur vorhandene eigene Defizite verspürte, sondern überdies ein schlechtes Gewissen bekam. Er hätte seine mit der Mutter eingeübte Rolle verlassen müssen. Er hätte ihr die Aufgabe, für ihn zu sorgen und ihm alle Unannehmlichkeiten im Umgang mit fremden Menschen aus dem Weg zu räumen, entzogen. Die Loyalität ihr gegenüber, seine in vielen Jahren geübte Fähigkeit, die gesamte Familie durch seine Symbiose zur Mutter zu stabilisieren, hätte er nun aufgeben müssen. Da seine Frau die Rolle als Mutterersatz jedoch nicht perfekt spielte, da sie sich einfach wei-

140

gerte, das fortzusetzen, was er jahrelang gewohnt war, bekam Herr M. die Chance, sich aus der bisherigen Abhängigkeit zu emanzipieren und eigene Fähigkeiten zur Aufnahme sozialer Kontakte zu entwickeln. Das war kein leichter Weg. Doch die Tatsache, daß seine Frau ihm immer wieder zu verstehen gab, daß sie ihn nicht verlassen werde, auch wenn sie nicht ständig um sein Wohlergehen bemüht sei, machte es möglich, daß Herr M. sich Schritt für Schritt von seinen gewohnten Einstellungs- und Verhaltensmustern distanzierte und lernte, aus eigener Kraft einen seinen Wünschen und Interessen entsprechenden Beitrag zur Gestaltung von sozialen Beziehungen zu leisten.

Bis hierhin könnte der Eindruck entstanden sein, als sei es prinzipiell von Übel, im Partner eine Ergänzung, eine Bereicherung für das eigene Leben zu suchen, als sei das alleine schon der Ursprung von Enttäuschung, empfundener Vernachlässigung und damit sehr schnell auch für eifersüchtige Phantasien.

Dieser Eindruck würde den voranstehenden Text mißverstehen. Sicher ist es so, daß wir alle unvollständig sind. Jeder von uns konnte unter der Vielzahl an Möglichkeiten nur einige wenige entwickeln. Die faszinierende Verschiedenheit von Menschen beruht auf dieser Tatsache. Auch glaube ich, daß es grundlegende Unterschiede zwischen der Art und Weise gibt, mit der Männer bzw. Frauen die Welt und andere Menschen wahrnehmen und auf sie reagieren. Die gegenseitige Ergänzung dieser Unterschiedlichkeiten ist einer der bereichernden Aspekte von Paarbeziehungen. So bin ich mir z. B. ziemlich sicher, daß ich das hohe Ausmaß an Sensibilität für die Gefühle und Bedürfnisse anderer und die Sicherheit des unterstützenden Reagierens, das ich bei meiner Partnerin erlebe, nie selber erreichen werde. Ich betrachte diese Fähigkeiten als eine Herausforderung, eine Anregung meiner eigenen Ressourcen auf diesem Gebiet. Wir müssen nicht darum konkurrieren, wer besser ist – ich hoffe, wir haben gelernt, es aufregend zu finden, anders zu sein. Auch werde ich mich nicht darüber beklagen, wenn sie ihre besonderen sozialen Fähigkeiten anderen und nicht mir gegenüber zeigt – jedenfalls solange nicht, wie ich nicht völlig leer ausgehe. Und noch eines habe ich gelernt: So oft und so eng wir auch aufeinanderliegen – unsere persönlichen Stärken färben nicht ab – schade eigentlich.

Veränderungen in der Paarbeziehung

Viele Verhaltensweisen in Paarbeziehungen, die auf der Grundlage eifersüchtiger Gefühle gedeihen, können als Manöver betrachtet werden, die den/die Partner/in in eine Symbiose zwingen sollen, in der er/sie dafür Sorge tragen soll, Defizite der eigenen Person auszugleichen. Gleichzeitig verdecken diese Manöver diejenigen Probleme, welche in der aktuellen Paarbeziehung zu lösen wären.

Paare, in denen ein oder beide Partner eifersüchtig reagieren, sind deshalb gut beraten, wenn sie Eifersucht als Anstoß, als nützlichen Hinweis sehen, bestehende Unzufriedenheiten und Konflikte in ihrer Beziehung nun endlich zu beheben.

Statt trotzigen Ärgers auf den Partner/die Partnerin, statt Rückzug, statt Machtkampf und statt quälender Angst aufgrund des Gedankens, er/sie hege heimliche Untreuewünsche, ist hier ein mutiger Schritt nach vorne notwendig: Reden Sie über Ihre Unzufriedenheiten, drükken Sie Ihren Ärger über empfundene Verletzungen aus, formulieren Sie Ihre Wünsche an den Partner/die Partnerin! Die Erweiterung der Kommunikation über die bestehende Beziehung ist eines der hilfreichsten Mittel, um mit aufkommender Eifersucht umzugehen.

Gerade dann, wenn ein Partner mehr Selbständigkeit und größere Distanz zum anderen sucht, ist besonders wichtig, Sicherheit und Vertrauen in den Bestand der Beziehung zu erhalten. Das gemeinsame Gespräch über die Beziehung und die Transparenz der Wünsche jedes Partners sind dabei wichtige Mittel.

Hier fällt mir das Paar Marion und Franz S. noch einmal ein. Zum Zeitpunkt, als Marion begann, ihre Kontakte zu Studienkollegen zu erweitern, als sie nur noch selten für Franz erreichbar war, als er gleichzeitig fast jeden Abend im Kreise seiner Stammtischkollegen verbrachte, agierten sie beide eine Unzufriedenheit, eine gewünschte Erweiterung ihrer persönlichen Entwicklung aus. Sie setzten in Handlung um, was ihnen ein inneres Bedürfnis war. Aber sie konnten beide nicht über dieses Bedürfnis reden. Es gab keinerlei Austausch darüber zwischen ihnen. Ärger, das Gefühl, nicht mehr verstanden zu werden und die trotzigen Anläufe zu beweisen: "Ich kann auch ohne dich, du wirst schon sehen ..." waren die Formen der Auseinandersetzung, die sich zwischen den beiden eingeschliffen hatten. Eifersucht als Begleiterscheinung blieb da nicht aus. Erst als sie gelernt hatten, über ihre persönlichen Ziele, über ihre Unzufriedenheiten in der Beziehung, aber auch über den weiterhin bestehenden Wert, den sie der gemeinsamen Beziehung zumaßen, miteinander zu reden, konnten sie nach Möglichkeiten suchen, sich die gewünschte emotionale Sicherheit zu geben und gleichzeitig Spielräume für die persönliche Weiterentwicklung des jeweils anderen offen zu lassen. Gelegentlich war dies mit Angst und auch mit Neid und mit Ärger verbunden. Das gehört eben dazu. Diese Gefühle sind natürliche Reaktionen auf akute Probleme. Soweit sie sich auf die bestehende Problemsituation beziehen und soweit sie ohne den heimlichen Hintergedanken der Abwertung oder der Manipulation des Partners/der Partnerin ausgedrückt werden können, müssen Paare lernen, damit umzugehen. Sie aus der offenen Auseinandersetzung zu verbannen, öffnet die Schleusen für die heimliche, die unterschwellige, unausgesprochene Eifersucht – und sie ist eine der destruktivsten Formen.

Wollen wir uns auf die angedeutete offene Form der Auseinandersetzung einlassen, können wir das nur dann, wenn wir zunächst einmal innerlich für die Wahrnehmung der eigenen Wünsche an die Beziehung offen sind. Ist dies der Fall, kann es sein, daß wir damit auch einen menschlichen Grundwiderspruch verstärkt wahrnehmen, der, wie ich glaube, letztlich nicht auflösbar ist: der Widerspruch zwischen Bindung und Autonomie.

Ich weiß, daß ich selber als einzelne Person unvollständig bin. Ich kann nicht alleine, ohne andere leben. Im Wesen der menschlichen Existenz ist die Notwendigkeit des anderen und speziell auch des anderen Geschlechts angelegt. Doch je mehr und je intimer ich mich auf eine andere Person einstelle, desto mehr bin ich darauf angewiesen, Kompromisse zu schließen, meine eigenen Wünsche und Entwicklungsziele zu relativieren an den Bedürfnissen und Wünschen des/der anderen.

Gewiß, ich kann mich ganz und gar auf ihn oder sie einlassen, kann einer Sehnsucht, mich hinzugeben, mit ihm oder ihr zu verschmelzen nachkommen, doch ich weiß auch, daß diese Symbiose eine Illusion bleiben wird. Ich werde letztlich für mich und meine Entwicklung selber verantwortlich sein, werde in letzter Konsequenz auch „alleine" bleiben, da ich eben ich und nicht der/die andere bin.

Eine Verschmelzung ist ebenso unmöglich wie die Vorstellung der Autonomie ohne das Angewiesensein auf den/die andere/n. Dieser Widerspruch stellt sich uns im Laufe der Entwicklung einer Paarbeziehung immer wieder. Er ist immer wieder neu zu durchleben, und es sind immer wieder neue Wege zu finden, damit umzugehen. Eifersucht verweist auf diese Notwendigkeit. Diese Suche nach gemeinsamen Wegen wird keine Lösung in dem Sinne hervorbringen, daß das Problem ein für alle mal behoben wäre. Die Suche selbst, das Bemühen um einen gemeinsamen Weg ist die „Lösung".

In tiefenpsychologischen und psychiatrischen Fachkreisen wird der oben beschriebene Widerspruch gelegentlich natürlich auch ganz anders beurteilt: nicht als menschlicher Grundwiderspruch, sondern als Ausdruck eines psychopathologischen Geschehens. Sachkundige Kollegen könnten auf der Grundlage bestimmter Persönlichkeitstheorien z. B. behaupten, der beschriebene Widerspruch gründe auf einer unbewußten Angst, mich zu binden oder einer ebenso unbewußten Angst davor, eine eigene Identität aufzubauen und mich von anderen zu unterscheiden. Schlimmer noch, wenn beides gleichzeitig zuträfe. Die Diagnose wäre klar: eine Persönlichkeitsstörung vom Typ „borderline".

Liebe Kollegen: Wenn diese „Störung" denn behoben wäre – wäre damit das beschriebene Grundproblem beseitigt? Ich glaube kaum. Es bleibt als Aufgabe für Menschen bestehen, sobald sie es in ihrer Wahrnehmung zulassen.

Es gibt jedoch ein Mittel, das es möglich macht, sich dieser Aufgabe zu stellen: Liebe!

Liebe ist so gesehen der aufregende Versuch, sich auf den gemeinsamen Weg zu machen, Autonomie und Hingabe zu finden, wissend, daß man das Ziel nie vollständig wird erreichen können. Sie ist im übrigen das einzige Medikament, das in der Überdosierung nicht schadet. Darum: Lesen Sie nicht den Beipackzettel (der würde Sie natürlich darüber informieren, daß Eifersucht zu den zu erwartenden Nebenwirkungen zählt), fragen Sie nicht ihren Arzt oder Apotheker – nehmen und geben Sie sie, so oft sie können!

Doch zurück zum Thema: Eifersucht. Paare, die sich auf den angedeuteten gemeinsamen Weg gemacht haben, werden im Laufe ihrer Beziehung merken, daß sie Erwartungen aneinander haben, die nicht offen ausgesprochen sind, die heimlich unter der Oberfläche der miteinander geteilten Zukunftspläne den Bestand der Beziehung entweder gefährden oder sichern. Einige dieser Erwartungen überfordern jedoch die Beziehung, lasten ihr eine Bürde auf, die sie nicht tragen kann. Falls einer der Partner versucht, sich von dieser Bürde zu befreien, ist dies häufig Anlaß für eifersüchtige Reaktionen des anderen. Notwendig wäre es, diese heimlichen Erwartungen an die Partnerschaft offen anzusprechen und sich dann auch – und das ist der weitaus schwierigere Teil – von einigen von ihnen zu verabschieden.

Verabschieden müßte man sich dann etwa von der Erwartung, der Partner/die Partnerin könne alte, in der Kindheit erlittene Verletzungen, frühere negative Erfahrungen heilen. Er oder sie könne all das wiedergutmachen, was man schmerzlich erfahren oder vermißt hat. Er/sie kann es nicht. Er/sie kann dazu beitragen, daß das zukünftige Leben ohne jene schmerzlichen Beziehungserfahrungen verläuft. Was gewesen ist, ist jedoch in unserer Erinnerung verankert. Der/die Partner/in kann es nicht „löschen", kann es nicht ungeschehen machen. Diese Erlebnisse zu verarbeiten und mit ihnen abzuschließen, um frei zu werden für neue und angenehmere Erlebnisse in unserem heutigen Leben, ist eine Aufgabe, die wir schon selber erfüllen müssen. Unsere Partner/innen können uns dabei durch ihr mitfühlendes Verständnis unterstützen. Mehr jedoch nicht. Und das ist schon eine ganze Menge – das sollten wir nicht vergessen!

Die nächste heimliche Erwartung, die Paare gemeinsam aufgeben müssen, wollen sie ihre Partnerschaft nicht überfordern, ist die Erwartung, der/die andere möge unaufhörlich durch seine/ihre Zuwendung das eigene Selbstbild aufwerten. Der Partner/die Partnerin ist nicht dazu da, die eigene Person aufzuwerten. Tut er/sie es dennoch, ist es gut, dies als ein Geschenk zu nehmen, das wir aufmerksam und dankbar bemerken und würdigen, auf das wir jedoch keinen „Rechtsanspruch" haben – auch nicht durch Gewohnheitsrecht. Der/die andere hat selbstverständlich genausoviel Recht wie wir, manchmal so sehr mit der Bewältigung der eigenen Probleme beschäftigt zu sein, daß er/sie darüber unsere Bestätigungsbedürfnisse aus dem Auge verliert. Besonders wenn Familien wachsen, wenn Kinder und deren Probleme mit zu bedenken sind, ist es unmöglich, daß jeder vom anderen andauernd die volle und ungeteilte Aufmerksamkeit für die eigene Person erhält.

Statt dessen wäre es nützlich, wenn jede/r auch außerhalb der Paarbeziehung einen eigenen Freundeskreis aufbauen und pflegen würde. Hierüber lassen sich Bestätigung, Anregung, aber auch wohlmeinende und bereichernde Kritik an der eigenen Person austauschen.

Die vollständige Abschottung nach außen unter dem Motto: „Trautes Heim, Glück zu zwei'n" ist das Ende einer sich konstruktiv entwikkelnden Paarbeziehung. Wer jemals versucht hat, nach diesem Motto als Paar zu leben, weiß, wovon ich rede. Eines Tages wird einer der Partner aus dieser Form der Beziehung ausbrechen. Enttäuschung und Eifersucht des anderen sind die nahezu unausweichlichen Folgen.

Das ewige Schmoren im eigenen Saft führt zwar dazu, daß die angerichtete Speise gar wird, doch irgendwann zerfällt sie. Außerdem schmeckt sie meist recht fade, wenn man ihr nicht von außen einige Gewürze zufügt.

Eine andere Erwartung, die es als Paar zu überprüfen und wenn nötig zu verändern gilt, ist die Erwartung, der Partner/die Partnerin möge die Hauptverantwortung dafür übernehmen, daß das gewünschte Ausmaß an Nähe in der Partnerschaft entsteht. Dies ist bei frischverliebten Paaren ein beliebtes Spiel: testen, ob der/die andere etwas unternimmt, wenn man selbst „toter Mann" oder „tote Frau" spielt. Mal sehen, ob er/sie einen für wertvoll und attraktiv genug hält, ob er/sie sich so richtig bemüht oder ob er/sie es doch nicht so ernst meint. Das ist ein nettes Spiel, solange es eines ist; solange man wirklich spielerisch in dieser Weise miteinander flirtet. Nur irgendwann muß Schluß sein mit dem Testverfahren, muß eine Grundsicherheit entstehen, daß es der/die andere ernst meint. Ab diesem Zeitpunkt verliert dieses Verfahren seine spielerische Leichtigkeit und wird zu einem manipulierenden Manöver, das die Frage klären soll, wer wen mehr liebt, wer die Macht hat, den/die andere/n durch Liebesentzug dazu zu zwingen „Männchen zu machen" (wie man unter Hundezüchtern sagt). Das ist ein Dressurakt, aber keine brauchbare Grundlage für eine gleichwertige Partnerschaft.

Falls Sie mit dem Ausmaß an Nähe zwischen Ihnen und Ihrem/Ihrer Partner/in unzufrieden sind, unternehmen Sie aktiv etwas! Übernehmen sie die Verantwortung dafür, daß die Nähe entsteht, die Sie sich wünschen!

Falls Ihnen diese Vorstellung Angst macht, kann ich mir vorstellen, daß Sie die voranstehenden Ausführungen vollkommen unangebracht und überflüssig finden. Ich kann Ihnen versichern, daß sie nicht dazu gedacht waren, das Problem der Angst vor psychischer oder körperlicher Nähe in einer Partnerschaft zu bagatellisieren oder lächerlich zu machen. Diese Angst ist weder lustig noch lächerlich, sondern beruht in der Regel auf einer ganzen Reihe wirklich schmerzlicher Erfahrungen, die bis heute nicht verarbeitet werden konnten. In diesem Falle ist es sehr hilfreich, diese Erfahrungen mit guten Freunden auszutauschen, sie zunächst einmal auszusprechen. Schon damit leiten Sie einen Verarbeitungsprozeß ein, der allerdings noch durch wohlwollende Unterstützung, Ermutigung von Freunden und eventuell auch durch Neuverarbeitung der als Kind erfahrenen verletzenden Situationen durch einen Psychotherapeuten/eine Psychotherapeutin begleitet werden sollte.

Ein sehr häufiger Anlaß für Eifersucht ist das Versagen eines Partners in einem der beliebtesten ehelichen Ratespiele. Fernsehshows und Rätselhefte scheinen das Ratebedürfnis der Nation bei weitem nicht vollständig zu befriedigen. Erst das in den eigenen vier Wänden inszenierte Spiel: „Rate mal, was ich von dir will, und ich sage dir, daß du mal wieder völlig falsch liegst" bringt hier den erwünschten Erfolg. Der Hauptgewinn bei diesem Spiel besteht in der moralischen Rechtfertigung für eine Eifersuchtsattacke nach dem Motto: „Das zeigt mal wieder, daß er/sie mich nicht versteht. Würde er/sie mich lieben, wüßte er/sie längst, was ich brauche. Er/sie ist einfach nicht mehr an mir interessiert, da er/sie nur noch Augen und Ohren für Herrn/Frau XY hat …" In Wahrheit zeigt Ihnen das Gefühl, nicht verstanden zu werden, lediglich, daß es Ihnen bisher noch nicht gelungen ist, Ihrem Partner/ihrer Partnerin Ihre Wünsche und Bedürfnisse verständlich zu machen. Woran das liegt, ist dabei zunächst noch ungeklärt. Die einzige Möglichkeit, deren Veränderung Sie in dieser Situation völlig in der Hand haben, ist Ihr eigenes Bemühen um diese Verständigung. Erwarten Sie nicht, daß Ihr/e Partner/in etwas versteht, was Sie gar nicht klar ausgedrückt haben – vielleicht aus Angst, enttäuscht zu werden, vielleicht aus anderen sehr verständlichen Gründen. Eifersuchtsreaktionen jedenfalls lösen das Problem nicht.

Einen der häufigsten Anlässe zu eifersüchtigen Zweifeln an der Liebe des Partners oder der Partnerin bildet die Nicht-Befriedigung sexueller Bedürfnisse. Natürlich ist die gemeinsam gelebte Sexualität eine der intensivsten und intimsten Dimensionen einer Partnerschaft.

Doch erstens ist sie, wie schon im voranstehenden Kapitel erläutert, nicht die einzige Dimension.

Zweitens gibt es sehr viele Aspekte sexuellen Erlebens neben denen, die durch die öffentlichen Medien als die alleinseligmachenden gepriesen werden. Ein ganz subjektiver und sicherlich nicht ohne Bissigkeit vorgetragener Rat an dieser Stelle ist der: Wer sexuelles Erleben in einer Partnerschaft mit der Sportschau verwechselt, sollte im Zweifelsfall doch lieber letztere genießen. „Höher, besser, schneller, länger" – dort bekommen Sie alles präsentiert, was das Herz begehrt. Und dabei kann man noch ein Bier trinken und Erdnüsse knabbern.

Drittens glaube ich, daß befriedigende Sexualität langfristig das Ergebnis einer insgesamt befriedigenden Partnerschaft ist. Diese herzustellen, erfordert einen gemeinsamen Wachstums- und Auseinandersetzungsprozeß, der durch das Erlernen sexueller Techniken nicht zu ersetzen ist. Im Verlauf dieses gemeinsamen Wachstumsprozesses sind auch Auseinandersetzungen um die gegenseitigen sexuellen Wünsche und Ängste notwendig.

Einen Klienten, der sieben Jahre lang keinen Geschlechtsverkehr mit seiner Frau mehr gehabt und unter anderem deswegen meine therapeutische Unterstützung gesucht hatte, fragte ich, warum dieser beklagenswerte Zustand denn nun schon so lange bestehe. Er antwortete: „Ich weiß nicht genau, aber ich glaube, sie denkt ..." Es ist nicht wichtig, wie er diesen Satz beendet hat. Klar wurde an dieser Stelle schon, daß er es eben nicht weiß, daß es offensichtlich keine klärenden Auseinandersetzungen um dieses Thema gegeben hatte. Sieben Jahre mal dreihundertundfünfundsechzig Abende und Nächte, macht: 2.555 Nächte – ohne Berücksichtigung der Schaltjahre. Ich fragte mich natürlich, „was haben die beiden eigentlich gemacht, wenn sie schon nicht miteinander geschlafen haben?" Die Antwort war sehr einfach: Sie waren eifersüchtig – zweitausendfünfhundertundfünfundfünfzig Nächte lang. Und dabei war nicht eine, in der die Ursachen des gemeinsamen sexuellen Problems hätten angesprochen werden können?

Abschließend seien noch zwei Hinweise genannt, welche eifersüchtigen Paaren von Nutzen sein können.

Der erste bezieht sich auf den Umgang mit guten Freunden, auf deren segensreiche Wirkung beim Umgang mit Eifersucht, die schon mehrmals angesprochen wurde. Hierbei verursachen Eifersüchtige oft ein zusätzliches Problem, das sie langfristig nur noch mehr belastet: Sie mißbrauchen ihren gesamten Freundeskreis, um sich bestätigen zu lassen, daß ihre Eifersucht gerechtfertigt ist. Am Beispiel von Katrin sowie am Beispiel der Stammtischkollegen von Herrn S. wurde dieses Problem deutlich. Das ewige Kreisen aller Gedanken um das Thema Eifersucht, die häufig damit verbundenen Selbstabwertungen sowie die Abwertungen des Partners/der Partnerin sind auf Dauer wenig hilfreich. Nutzen Sie Ihre Freunde dazu, Ihnen kritische Rückmeldungen darüber zu geben, was Sie in ihrer Beziehung eventuell verbessern könnten und was dabei Ihre persönliche Aufgabe wäre. Fragen Sie sie, welche Ihrer persönlichen Stärken sie nutzen können, um vorhandene Probleme zu lösen, welche Stärken Ihr Partner/Ihre Partnerin dabei zum Einsatz bringen könnte.

Ein bißchen Jammern tut natürlich gut. Es versichert uns der emotionalen Unterstützung der Freunde und Freundinnen, des mitfühlenden Verständnisses, das wir dringend brauchen, wenn wir befürchten, eine geschätzte Partnerschaft könnte zerbrechen. Doch auf die Dauer nur zu jammern, ändert die problematische Situation nicht – zumindest meist nicht in der Richtung, die wir uns wünschen.

Der letzte und sicher nicht unwichtigste Hinweis an beide Partner geht in eine ganz andere Richtung als die bisherigen. Habe ich mich bisher ausschließlich mit den problematischen, den oft unangenehmen Aspekten einer bestehenden Partnerschaft beschäftigt, die ins Blickfeld geraten oder doch zumindest geraten sollten, wenn einer der Partner eifersüchtig reagiert, so sollte man in diesem Fall eines auf keinen Fall vergessen: Es gibt auch die angenehmen, die weiterhin geschätzten und begehrten Aspekte, wegen derer man die Partnerschaft eingegangen war. Sie geraten im Zuge von Auseinandersetzungen und unter der Last von Angst und Ärger manchmal viel zu sehr ins Abseits. Der Erhalt und die Suche nach vielleicht neu zu entdeckenden positiven Seiten des Partners/der Partnerin und die Pflege gemeinsamer Aktivitäten, die beiden Spaß machen, ist eine Voraussetzung, um gerade in Zeiten der Auseinandersetzung um gegenseitige Unzufriedenheiten die Partnerschaft zu erhalten. Der Eindruck, der/die Partner/in zeige kaum noch Interesse an der Beziehung, welcher vielen eifersüchtigen Reaktionen zugrundeliegt, liegt vielfach darin begründet, daß tatsächlich die positiven Momente der Gemeinsamkeit, wie man sie vielleicht vor vielen Jahren einmal miteinander erlebt hatte, im beruflichen und familiären Alltagstrott und Alltagsstreß untergegangen sind.

Bevor Sie diesen Mangel dem Desinteresse Ihres Partners anlasten, prüfen Sie, wie aktiv und energisch Sie selber sich in letzter Zeit für den Erhalt dieser gemeinsamen Erlebnisse eingesetzt haben!

Die Verarbeitung früher Erfahrungen

Die beiden voranstehenden Abschnitte dieses Buches enthielten Hinweise darauf, wie man eine konstruktive Auseinandersetzung mit denjenigen aktuellen persönlichen Haltungen und denjenigen aktuellen Erwartungen an Paarbeziehungen führen kann, die Eifersucht heute aufrechterhalten.

Wie in den ersten Kapiteln gezeigt wurde, hat Eifersucht jedoch zu einem Teil auch ihre Wurzeln in frühen Erfahrungen und Entscheidungen, die wir als Kind getroffen haben, mit denen wir uns an die familiäre Situation, so wie sie sich für uns damals darstellte, angepaßt haben.

Eine Auseinandersetzung auch mit den Folgen dieser Anpassungsleistung ist deshalb notwendig. Hierbei gilt es vor allem, die grundlegenden Überzeugungen, die frühen Entscheidungen über die eigene Person, über andere Menschen und über die bevorzugten Verhaltensweisen, die wir glauben anwenden zu müssen, um unsere Beziehung zu ihnen zu gestalten, noch einmal zu überprüfen. Es wird sich dabei herausstellen, daß einige dieser Entscheidungen in unserer heutigen Situation destruktiv für uns und unsere Partnerschaft geworden sind, daß sie nicht mehr taugen. Wir müssen uns neu entscheiden, wollen wir mit unseren aktuellen Partnern nicht andauernd die früher erlebte Situation noch einmal und immer wieder mit dem gleichen oft enttäuschenden Ausgang reinszenieren.

Um unsere früher getroffenen Entscheidungen überprüfen zu können, ist es zunächst einmal notwendig, die heutige Wahrnehmung zu schärfen und sie von Verzerrungen, die Erinnerungen an die eigene kindliche Vergangenheit sind, zu befreien. Es kommt darauf an, unterscheiden zu lernen, was tatsächlich ein aktuelles Problem in der heutigen Paarbeziehung ist und was ich aufgrund der Erinnerung in verzerrender Weise „hinzukonstruiere". Nur so kann die Frage entschieden werden, ob die erlebte Eifersucht eine spontane und nützliche Reaktion auf die akute Gefahr der Beziehungsgefährdung darstellt, oder ob die sie begleitenden Gefühle von Wut, Angst oder auch Schuld Relikte aus früherer Zeit sind.

Erinnern wir uns noch einmal an die extremen Wahrnehmungsverzerrungen, die Frau W., deren Geschichte im ersten Kapitel erzählt wurde, beinahe ihr gesamtes Leben lang aufrechterhalten hat. Aufgrund eines früh erlittenen sexuellen Mißbrauchs hatte sie entschieden, daß alle Männer „Schweine" seien. Konsequent hatte sie sich dann auch einen Ehemann gesucht, der ihr den Gefallen tat, diese Wahrnehmungsverzerrung zu bestätigen.

Nach über einem Jahr nahezu täglicher, intensiver therapeutischer Gespräche, in denen sie den Hauptteil der früher erlittenen Verletzungen immer und immer wieder ansprach – zunächst in sehr verschlüsselter Form und dann schließlich auch direkt und offen – schien sie ihre frühere Situation verarbeitet zu haben. Frau W. begann plötzlich, die Welt und vor allem die Männer mit anderen Augen zu sehen. Sie berichtete von positiven Erlebnissen mit Männern, erinnerte sich sogar der positiven Seiten ihres früheren Ehemanns. Sie erzählte mir über ihre Zeit als junge Frau, in der sie heimlich ohne Wissen der Eltern tanzen gegangen sei, über ihre Sehnsucht nach einer liebevollen Beziehung und auch über lustvolle und humorvolle Ereignisse, die sie jahrelang aus ihrem Gedächtnis verbannt hatte.

Hätte Frau W. bereits 30 Jahre früher die Möglichkeit gefunden, ihre frühen Erfahrungen zu verarbeiten, hätte sie höchstwahrscheinlich nicht die beschriebenen ausgedehnten eifersüchtigen Wahnphantasien und auch nicht jenes Ausmaß an Destruktivität gegenüber Männern wie Frauen entwickelt. Ein Leben in wechselnden psychiatrischen Anstalten wäre ihr dann erspart geblieben.

Nun landet ja zum Glück nicht jede/r Eifersüchtige in einer psychiatrischen Anstalt. Die von vielen Eifersüchtigen früh getroffenen Lebensentscheidungen über sich und die Mitmenschen sind auch meist nicht in dieser spektakulären Weise destruktiv, wie sie es bei Frau W. waren. Ein gewisses Ausmaß an Destruktivität – zumindest gegen die eigene Person – haftet ihnen jedoch oft an. Hier gilt es, im heutigen Leben neue Entscheidungen zu treffen, die ein Gegengewicht gegen jene alten Entscheiden bilden, die den alten Erfahrungen den ihnen gebührenden Platz im Reich der Erinnerungen zuweisen und ihnen nicht erlauben, das zukünftige Leben destruktiv zu beeinflussen.

Diese neuen Entscheidungen sind sicherlich von anderer Art wie etwa die Alltagsentscheidung, ob ich Tee oder Kaffee trinken möchte. Sie kennzeichnen – wie bereits erwähnt – die Endpunkte einer persönlichen Auseinandersetzung mit der eigenen Lebensgeschichte und sind erst möglich nach einer längeren Entwicklung, die auch das Erproben neuer innerer Haltungen einschließt.

Die Möglichkeit und Notwendigkeit psychotherapeutischer Begleitung dieser Entwicklung – vor allem bei pathologischer Eifersucht – sei hier nochmals betont.

Neuentscheidungen, die während einer solchen Entwicklung notwendig sind, wurden zum Teil schon in Kapitel 4 – „Eifersucht und kindliche Entwicklung" – angesprochen. Ich möchte sie hier noch einmal in zusammengefaßter Form darstellen.

Zunächst und grundlegend wichtig ist die Entscheidung, die eigene Existenz wohlwollend zu akzeptieren. Das Recht eines Menschen zu leben ist nicht davon abhängig, ob seine Person durch andere Menschen Bestätigung findet oder nicht.

In diesen Bereich gehört auch die Entscheidung, die eigene Existenz nicht als bedroht anzusehen, wenn Ihr Partner/Ihre Partnerin seine/ihre Aufmerksamkeit anderen Personen schenkt. Der Versuch, den Partner durch Kontrollmaßnahmen ständig verfügbar zu machen, steigert nicht den Wert ihrer Person, ebensowenig wie der Verzicht auf diese Kontrolle und die ständige Verfügbarkeit ihren Wert in irgend einer Weise schmälert.

Verbunden mit der letztgenannten Entscheidung ist auch das Vertrauen darauf, daß die eigenen Verhaltensweisen in einer Partnerschaft einen wichtigen Teil dazu beitragen, daß eigene Bedürfnisse befriedigt werden. Wie ich mich gegenüber dem Partner/der Partnerin verhalte, ist nicht ohne Wirkung – auch wenn die Bedeutsamkeit des eigenen Verhaltens gegenüber den Eltern früher vielleicht so erlebt wurde.

Gegen die Idee vieler Eifersüchtiger, sie würden nicht mehr geliebt, wenn sie unangenehme Gefühle wie Ärger oder Angst zeigen, oder sie müßten einen Teil ihrer Bedürfnisse verstecken, um akzeptiert zu werden, ist die deutliche Entscheidung zu setzen, daß die eigenen Gefühle, egal ob sie nun anderen als angenehm oder unangenehm erscheinen, wahrgenommen und ausgedrückt werden dürfen. Sie sind ein Teil von Ihnen. Sie haben ein Recht darauf.

Gleichzeitig bedeutet das jedoch auch, daß Sie damit die volle Verantwortung für ihre heutigen Gefühle übernehmen. Sie haben die Verantwortung dafür, was sie fühlen. Diese Verantwortung liegt nicht bei ihrem Partner und schon gar nicht bei ihren Eltern, egal, wie auch immer diese sich Ihnen gegenüber früher verhalten haben.

Damit sind wir bei einer weiteren Entscheidung: der Entscheidung, die eigenen Eltern aus der Verantwortung zu entlassen, die sie Ihnen gegenüber einmal hatten, als Sie noch Kind bzw. Jugendliche/r waren. Die Tatsache, daß Sie heute Schwierigkeiten in einer Paarbeziehung haben, daß sie vielleicht Angst, Ärger oder Scham empfinden, hat zwar sicherlich viel damit zu tun, wie sie ihre Beziehung zu Ihrem Vater und Ihrer Mutter erlebt haben. Die Verantwortung für die Gestaltung Ihrer weiteren Zukunft können Sie jedoch ausschließlich selber übernehmen. Lassen Sie Ihren Eltern die Verantwortung für deren weitere Zukunft und nehmen die eigene in die eigenen Hände !

Dabei ist es vollkommen in Ordnung, wenn Sie Ihre Eigenständigkeit, Ihre eigenen Stärken erproben. Dies müssen Sie zum Teil auch ohne Ihren Partner/Ihre Partnerin tun. Er oder sie hat seine/ihre eigenen Stärken, seine/ihre eigenen Interessen, die er oder sie erproben muß. Lassen Sie ihm bzw. ihr auch dafür Raum. Indem Sie Ihre eigene unverwechselbare Identität entdecken und festigen, können Sie Ihrem Partner als gleichwertig und ergänzend gegenübertreten und mit ihm/ihr zusammen dann die gemeinsamen Interessen verwirklichen.

Sollten Sie als Kind in Ihrer Herkunftsfamilie Erfahrungen des Ausschlusses aus der Familientriade gemacht haben oder die Erfahrung, für eine Koalition eines Elternteils gegen den anderen emotional mißbraucht worden zu sein, haben Sie die Chance, sich in Ihrem heutigen Leben dafür zu entscheiden, daß nicht alle nahen Beziehungen nach diesem Muster verlaufen müssen. Sie sind nicht mehr in der kindlich-abhängigen Position, einen solchen Ausschluß unter Gefahr des Liebesverlustes akzeptieren zu müssen. Sie können ihm etwas entgegensetzen. Gleichzeitig ist es jedoch notwendig, daß Sie sich immer wieder klarmachen: heute ist nicht früher. Nicht jede Freundschaft, die Ihr Partner oder Ihre Partnerin mit dritten Personen hat, bedeutet für Sie, daß Sie ausgeschlossen werden, daß er oder sie Sie nicht mehr liebt, daß Sie verlassen werden. Sie können lernen, die verschiedenen Qualitäten, die verschiedene Beziehungen haben können, zu schätzen und zu respektieren, ohne sich immer sofort als bedroht zu erleben.

Manchen mag es verwundern, daß ich auch dieser Einstellung den

Status einer Entscheidung zuschreibe. Es wäre dann nicht mehr so, daß ich von eifersüchtigen Gefühlen überwältigt würde, daß diese Gefühle eben einfach da wären, sondern daß ich mich entschieden hätte, z. B. einen Freund meiner Freundin als Konkurrenten anzusehen und mich dafür entschieden hätte, fortan eifersüchtig zu reagieren. Meine Klientin Katrin bemerkte, als ich ihr diese Sichtweise von Eifersucht nahelegte: „Eine interessante Idee, aber irgendwas gefällt mir daran nicht – das hat ja was Gemeines ..." Sie verspürte neben der gewonnenen Freiheit, die darin lag, sich neu und anders entscheiden zu können, die Enttäuschung über einen gleichzeitig damit verbundenen Verlust. Sobald jemand die Sichtweise akzeptiert, daß Eifersucht seine Entscheidung ist, muß er oder sie das unsichtbare Etikett auf seinem/ihrem Rücken entfernen, welches die Aufschrift trägt: „Behandeln Sie dieses Produkt besonders schonend und pfleglich. Es wurde durch langes unverschuldetes Leiden mehrfach bis zur Spitzenqualität veredelt." Wenn Eifersucht also die Folge einer persönlichen Entscheidung ist, verliert man jeden Anspruch darauf, daß das durch sie bedingte persönliche Leiden in diesem oder einem späteren Leben belohnt würde.

Sollte denn alles Leiden umsonst gewesen sein? Nein, so schnell wird man seinen sorgfältig und lange erworbenen Lastenausgleichsanspruch nicht aufgeben. Es sei denn, der direkte Gewinn wäre erheblich. Deshalb: Verwenden Sie ausreichend Zeit darauf, sich in allen Einzelheiten vorzustellen, was Sie persönlich und in Ihrer Beziehung gewinnen können, wenn Sie einige der beschriebenen Entscheidungen für sich treffen!

Eine letzte Entscheidung, die als Gegengewicht zu früh erworbenen Einstellungen das Erleben von Eifersucht wesentlich beeinflußt, die Entscheidung für eine positive Einstellung zur eigenen Männlichkeit bzw. Weiblichkeit. Die meisten heftig eifersüchtig reagierenden Menschen glauben, als Mann oder Frau in verschiedener Hinsicht nicht zu genügen. Sie sind der festen Überzeugung, im Vergleich zu anderen Männern oder Frauen unattraktiver oder sonstwie minderwertiger zu sein. Falls sie nicht schon grundlegend mit der Tatsache hadern, daß sie ein Mann bzw. eine Frau geworden sind, finden sie die verschiedensten Mängel hinsichtlich ihrer männlichen oder weiblichen Eigenschaften. Sie mißtrauen allen positiven Bestätigungen, die ihnen ihre Partner in dieser Hinsicht geben. Bleiben diese

Bestätigungen dann einmal ganz aus, sinkt ihr Gefühl für den Wert ihrer Identität als Mann oder Frau bis weit unter den Gefrierpunkt.

Hier hilft nur die klare Entscheidung, zu dem, was einen als Mann oder Frau ausmacht, in vollem Umfang zu stehen. Betrachten Sie dabei alle Aussagen anderer darüber, was angeblich typisch weiblich oder typisch männlich sei, was eine „richtige" Frau oder einen „richtigen" Mann angeblich auszeichne, als die ganz private Meinung dieser Menschen, die keinerlei Bedeutung für die Bewertung Ihrer Person hat. Es kommt darauf an, was Sie an sich als zu ihrem Geschlecht gehörende Eigenschaft schätzen und für wertvoll erachten, nicht darauf, was andere ihnen sagen.

Wenn Sie sich die Entscheidung für eine subjektive und individuelle Interpretation Ihrer männlichen oder weiblichen Eigenschaften zu eigen machen, werden Sie auch sehr viel unabhängiger von der permanenten Bestätigung Ihrer Männlichkeit oder Weiblichkeit durch Ihren Partner/Ihre Partnerin. Sie werden mit Sicherheit nicht weniger männlich oder weiblich dadurch, daß er oder sie Sie in dieser Hinsicht nicht bestätigt.

Andererseits: Schaden würde dies natürlich auch nicht. Sollte Ihnen diese Bestätigung fehlen, fragen Sie danach! Ich bin oft verblüfft darüber, wie viele Partner in einer Liebesbeziehung die Frage: „Was schätzt deine Frau an dir als Mann?" bzw. „Was schätzt dein Mann an dir als Frau?" spontan nicht beantworten können, weil sie diese Frage innerhalb der Beziehung wenn überhaupt je, dann jedenfalls seit Jahren schon nicht mehr gestellt haben.

Die oben skizzierten Entscheidungen können Sie ganz alleine und für sich treffen. Hilfreich ist auch hierbei natürlich wieder die Unterstützung und kritische Auseinandersetzung mit Freunden und auch mit Ihrem Partner. Es sind mit diesen Entscheidungen auch Prozesse der emotionalen Verarbeitung früherer schmerzlicher Erlebnisse verbunden. Die Chance, die Erinnerungen an Angst, Traurigkeit oder Ärger in verständnisvollem, schützendem Rahmen zu verarbeiten, sollten Sie sich schaffen. Sich hierzu die Unterstützung eines kompetenten Psychotherapeuten oder Beraters zu sichern, ist eine von mehreren Möglichkeiten.

Gerade weil ich weiß, wie stark Eifersucht das gesamte Leben überschatten kann und wie sehr sie alle Gedanken und Gefühle durchsetzt, möchte ich den folgenden Hinweis an dieser Stelle noch anfügen: Erinnern sie sich daran, daß es ein Leben vor, nach und neben der Eifersucht gibt!

Die Bewahrung der lebensbejahenden Teile der eigenen Person, der Lebensfreude, der Freude an all den Dingen, die Ihnen wertvoll und wichtig sind, ist ein sehr hilfreiches Mittel gegen die ausschließliche und energiezehrende Beschäftigung mit den Problemen rund um eifersüchtiges Erleben. Damit möchte ich nicht dem Bestreben Vorschub leisten, vorhandene Probleme in einer Paarbeziehung unter den Teppich zu kehren. Ich möchte auch nicht der Oberflächlichkeit und dem Desinteresse an der persönlichen Weiterentwicklung das Wort reden. Ich plädiere hiermit nur dafür, diejenigen Anteile der eigenen Persönlichkeit nicht zu vernachlässigen, deren Nutzung vielleicht gerade dazu dienen könnten, das durch ewiges Kreisen aller Gedanken um Eifersucht und um unbefriedigende Erlebnisse in der Partnerschaft angeschlagene Selbstbewußtsein wieder mit neuer Energie zu versorgen und aufzurichten.

Wie geht es „danach" weiter?

Es gibt eine Situation in Paarbeziehungen, die bislang noch nicht erörtert wurde: wenn die Untreue eines Partners keine Befürchtung und keine Fiktion ist, sondern Realität. Was ist zu tun, nachdem die Zeit eifersüchtigen Reagierens vielleicht schon vergangen ist, nachdem alle der oben genannten Hinweise bedacht und gewürdigt, nachdem die persönlichen Probleme der beteiligten Partner wie auch der gemeinsamen Beziehung offen angesprochen worden sind und nachdem – trotz allem – einer der beiden eine Liebesbeziehung zu einer dritten Person aufgenommen und ausgelebt hat? Es gibt Paare, deren gemeinsam geteilte Überzeugung und Übereinkunft über Art und Umfang solcher Beziehungen diesen Fall als möglich und nicht weiter tragisch zuläßt. Es gibt sicher auch „Außenbeziehungen", die sich für beide im nachhinein als wenig bedeutsam herausstellen. Auch gibt es Paare, die sich darüber einig sind, sich unter diesen Umständen sofort zu trennen, da sie die Basis für ein weiteres Zusammenleben als nicht mehr gegeben ansehen.

Wohl in der Mehrzahl der Fälle wird jedoch keine dieser drei Bedingungen erfüllt. In der Regel ist es so, daß diese Situation von mindestens einem Partner nicht akzeptiert, daß die „Außenbeziehung" als bedeutsam angesehen wird oder daß mindestens ein Partner die bestehende Beziehung tortz allem fortsetzen will.

In der Regel gibt es auch keine gemeinsame Vereinbarung darüber, wie man denn in einem solchen Fall verfährt. Heimlich hatte man immer gehofft, „es" werde nie passieren oder „es" werde zumindest nie ernsthaft bedrohlich für die bestehende Beziehung werden können. Ein frommer Wunsch. Doch dann hat er oder sie „es" eben doch passieren lassen, und die Beziehung ist oder war gefährdet.

Paare, welche diese Situation zum Anlaß nehmen, über lange unterschwellig schwelende Konflikte und Unzufriedenheiten zu reden und dann eine neue, für die persönlichen Bedürfnisse beider Partner befriedigendere Grundlage der Partnerschaft finden, können mit dieser Situation noch am leichtesten umgehen. Es besteht berechtigte Hoffnung, daß die neu erstrittene und geteilte Grundlage der Beziehung den Anlaß für die vergangene Untreue gegenstandslos macht.

Was sollen jedoch Paare tun, die eine solche neue Grundlage nicht finden, die eventuell sogar überhaupt keinen Anlaß sehen, irgendetwas in ihrer Beziehung zu verändern, da eigentlich beide miteinander ganz glücklich sind. Kann man dann also zur Tagesordnung übergehen – bis zum nächsten Mal? Oder soll der betrogene Partner endlos wüten, auf Rache sinnen und so sich selber und die Beziehung emotional vergiften? Beides wären keine geeigneten Formen, die zusammen erlebte schwierige Situation zu verarbeiten.

Eines kann man mit Sicherheit sagen: Paare, die es in dieser Situation nicht schaffen, lange und immer wieder über ihre gegenseitigen Gefühle und über die Grundlagen ihrer Beziehung zu reden, haben keine Chance, langfristig weiterhin miteinander glücklich zu leben. Es bleibt immer etwas zurück an Verletztheit, Mißtrauen und andererseits schlechtem Gewissen, das verarbeitet und besprochen werden muß. Manchmal geht das nicht sofort, aber irgendwann muß es sein!

Auch der Ratschlag, der betrogene Partner solle dem anderen verzeihen, erscheint mir manchmal etwas vorschnell erteilt. „Verzeihen Sie bitte, daß ich Ihnen aus Versehen auf die Füße getreten bin – wirklich ungeschickt von mir – wird bestimmt nicht wieder vorkommen" – „Aber das macht doch nichts, das kann doch jedem mal passieren." Dieses Entschuldigungs- und Vergebungsritual würde die Ernsthaftigkeit der entstandenen Verletzung und die Verantwortlichkeit dafür nicht respektieren. Es war kein „Versehen" – und wenn, dann wäre das entweder eine bodenlose Frechheit oder die Unreife eines/einer pubertierenden Jugendlichen, der/die sich einfach noch nicht auf eine feste Partnerschaft einlassen möchte.

Durch das Eingehen einer oder mehrerer Liebesbeziehungen neben einer bestehenden Partnerschaft ist ein Ungleichgewicht zwischen den Partnern entstanden. Einer hat nun ein Recht auf Haß, und der andere sinkt in seiner/ihrer Achtung. Dieses Ungleichgewicht auszugleichen, erfordert eine Menge an Bemühungen und Einsatz desjenigen oder derjenigen, welche/r für die entstandene Verletzung verantwortlich ist.

Die beste Art, durch welche der andere ihm verzeihen kann, besteht darin, dieses Bemühen des Partners um Vertrauen und um die Wiederherstellung von emotionaler Sicherheit anzuerkennen, es als von Herzen kommenden Beitrag der Wiedergutmachung anzunehmen. Geschieht das nicht, wird aus der Beziehung keine Partnerschaft. Sie bleibt dann der Kampf zweier ungleicher Gegner, die solange nicht voneinander lassen können, bis einer endgültig vernichtet ist.

Man mag nun danach fragen, welche Garantien es denn geben könne, daß der eingetretene Fall von Untreue sich nicht wiederholt. Die Antwort ist einfach und zugleich unbequem: letztlich gar keine. Es gibt sicher ein menschliches Grundbedürfnis nach emotionaler Sicherheit und ein ebenso großes Bemühen, sich seinerseits für die Herstellung dieser Sicherheit einzusetzen und Verantwortung dafür zu übernehmen. Aber einen Garantieschein am großen Zeh des Partners/der Partnerin werden wir vergeblich suchen. Selbst die Hersteller können für die Funktionstüchtigkeit ihres Produktes keine unbeschränkte Garantie geben

In diesem Zusammenhang fällt mir eine Bemerkung ein, die ich unlängst in der Werkstatt aufschnappen konnte, in der ich mein Auto reparieren lasse. Der Werkstattmeister hatte gerade eine Kundin auf den miserablen Wartungszustand ihres ansonsten noch gut erhaltenen Cabriolets hingewiesen, als diese antwortete: „Aber warum soll ich denn noch Öl nachfüllen lassen, jetzt wo die Garantie schon seit über einem Jahr abgelaufen ist?" Wer nach diesem Prinzip an die Gestaltung seiner Paarbeziehung gehen würde, dem könnte man allerdings eine feste Garantiezusage machen: Der Motorschaden wird nicht lange auf sich warten lassen. Bei ihrem nächsten Modell sollten Sie die Wartungshinweise etwas ernster nehmen!

8 Anhang – Anmerkungen und Literaturhinweise

1. Euripides, Medea, Reclam-Universal-Bibliothek Nr. 849, Ditzingen 1994
2. Euripides, Medea, a.a.O., S. 5
3. Euripides, a.a.O., S. 13
4. Euripides, a.a.O., S. 14
5. Euripides, a.a.O., S. 19
6. Bornemann, E., Zur Genealogie der Eifersucht, Körner, H. (Hsg.) (1979), Eifersucht – Ein Lesebuch für Erwachsene, Fellbach 1993
7. Erörterungen und weiterführende Literatur zur gesellschaftlichen Dimension von Eifersucht, vgl.:
   - Plack, A., Scheitert die sexuelle Befreiung an der Eifersucht?, in: Körner, H., 1983, a.a.O.
   - Rinne, O., Verliebtheit als Verhängnis – Die Eifersucht der Frau, Zürich 1988
   - Bornemann, E., Die neue Eifersucht, München 1986
8. Freud, S., Über einige neurotische Mechanismen bei Eifersucht, Paranoia und Homosexualität, Ges. Werke Bd XIII, S. 195f, Frankfurt 1967
9. Eine umfassende Darstellung der Theorie des Lebensskripts findet sich in: Berne, E., Was sagen Sie, nachdem Sie guten Tag gesagt haben?, München 1975
10. Zur Theorie der Ich-Zustände, vgl.:
    - Berne, E., Transactional Analysis in Psychotherapy, New York 1961
    - Rogoll, R., Nimm dich, wie du bist, Freiburg 1976
11. Einen Überblick über Untersuchungen und Theorien zum Zusammenhang von Eifersucht mit verschiedenen psychiatrischen Krankheitsbildern gibt: Schneemann, N., Eifersucht und Eifersuchtswahn, Stuttgart 1988
12. Die Grundlagen der hier verwendeten Theorie zur Entwicklung der menschlichen Identität sind ausführlich dargestellt in:
    - Mahler, M., Pine & Bergmann: Die psychische Geburt des Menschen, 1975
    - Kernberg, O. F., Objektbeziehungen und Praxis der Psychoanalyse, Stuttgart 1981

13. Vgl.: Klein, M., Neid und Dankbarkeit, in: Das Seelenleben des Kleinkindes und andere Beiträge zur Psychoanalyse, Hamburg 1972. Der von mir angedeutete Zusammenhang zwischen Neid, im Sinne der Definition von M. Klein, und Eifersucht wird ausführlich beschrieben in: Friday, N., (1985) Eifersucht, die dunkle Seite der Liebe, München 1993

14. Altersregression meint hier, daß Gefühle, Gedanken und Verhaltensimpulse aus einem früheren Lebensalter – meist der Kindheit – wieder aktiviert und im heutigen Empfinden und Handeln erkennbar werden. Die Person scheint innerlich einen Altersrückschritt zu vollziehen.

15. Freud, S., Über einige neurotische Mechanismen bei Eifersucht ... a.a.O.

16. Rinne, O., Verliebtheit als Verhängnis – Die Eifersucht der Frau, Zürich 1988

17. Vergleiche Kapitel 1

18. Riemann, F., Grundformen der Angst, München 1979

19. Eric Berne nennt die Gesamtheit dieser gegenseitig unbewußt gehegten Erwartungen: den „psychologischen Beziehungsvertrag", vgl.: Berne, E., Transactional Analysis ..., 1961, a.a.O.

20. Einige der heimlichen Erwartungen, die Partner aneinander und an die Beziehung haben, hat bereits Hans Jellouschek formuliert, vgl.: Jellouschek, H., Die Kunst als Paar zu leben, Zürich 1992

21. Jellouschek, H., a.a.O, 1992, S. 124